체인저

우리는 에스테틱 비즈니스의 판을 바꾸고 있습니다!

체인저

초판 1쇄 인쇄 2020년 6월 18일
초판 1쇄 발행 2020년 6월 23일

지은이 정서영 정형찬

발행인 백유미 조영석
발행처 (주)라온아시아
주소 서울특별시 서초구 효령로 34길 4, 프린스효령빌딩 5F

등록 2016년 7월 5일 제 2016-000141호
전화 070-7600-8230 **팩스** 070-4754-2473

값 14,000원
ISBN 979-11-90820-44-8 (13320)

※ 라온북은 (주)라온아시아의 퍼스널 브랜드입니다.

우리는 에스테틱 비즈니스의 판을 바꾸고 있습니다!

CHANGER

불황에도 매출 300% 올릴 수 있다!

체인저

RAON BOOK

| 프롤로그 |

게임 체인저를 꿈꾸는 당신에게

“제대로 된 피부관리를 하고 싶은데, 어디서부터 시작해야 할지 어떻게 해야 할지 막막합니다.”

현장 실무자들을 만나면 항상 듣는 하소연이다. 이런 문제에 대한 명쾌한 답을 알 수 없어서 고민하기 시작한 지 7년이라는 시간이 흘렀고, 그 고민의 결과로 2017년 피부관리사 양성기관 ‘메스떼’를 설립했다. 그 후로 메스떼에서 많은 피부관리사를 교육하며 지내던 차에 정형찬 공저자가 메스떼의 커리큘럼 중 일부를 책으로 집필해보자는 제안을 했다. 10년 전의 나와 같은 고민을 하고 있는 피부관리사들에게 조금이나마 보탬이 되는 기회가 될 것 같아서 책을 쓰기 시작했다.

나를 찾아오는 사람들은 간절한 사람들이다. 이 책을 읽는 당신도 그런 마음일 것이다. 피부관리실을 창업해 성공하고 싶은 사람, 고객과의 관계에 진절머리가 나서 전문성을 키워 더 이상 고객에게 휘둘리고 싶지 않은 사람, 엄청난 테크닉으로 고객의 마음을 사로잡고 싶은 사람, 전문성이 절실히 필요한 사람, 피부관리라는 일의 의미를 되찾고 싶은 사람 등 정말 많은 사람들이 절실한 마음으로 이 책을 펼칠 것이라는 것을 안다. 모든 사람이 피부관리실의 발전을 위해 노력해왔지만 쉽게 성공을 거두지 못했단 것도 잘 안다. 강의도 듣고, 책도 읽고, 때로는 밤을 새워 공부했다는 것도, 굳게 다짐했지만 만족할 만한 성과를 얻지 못했다는 것도 너무 잘 알고 있다. 나도 노력했지만 성과를 얻지 못하면서 점차 의욕은 떨어지고 무기력함이 온몸을 지배하는 것을 겪어봤다. 왜 그렇게 되는 것일까?

방향성을 잘못 잡았기 때문이다. 기존의 방식으로는 아무리 노력해도 안 된다. 테크닉을 바라보는 관점, 고객을 이해하는 관점, 상담에 대한 관점, 마케팅을 바라보는 관점 자체를 바꾸지 않는 한 절대 자신이 만족하는 성과를 거둘 수 없다. 안 되는 것을 되게 하려고 붙잡고 있으면 결국 무기력해진다. 새로운 방법으로 접근해 문제를 해결해야 근본적으로 문제를 해결할 수 있다. 그런 점에서 단편적인 강의나 성공 사례만 따르면 그 결과가 만족스럽지 않다. 이 책에 소개하는 방법들을 스스로 깨닫기 전에 나 역시 많이 무기력했고 직업을 포기하고 다른 직업을 선택하려고 했다.

문제를 바로잡다

이 직업을 그만두려고 하기 전에 정말 마지막으로 도전하기로 마음먹었다. 기존의 방식을 그대로 따라 하는 것이 아니라, 잘못된 문제점을 바로잡고 합리적인 시스템을 만들어가는 것으로 방향을 바꿨다. 그 결과 나는 빠르게 성장했다. 내가 직접 경험하고 느낀 사실들을 매뉴얼로 만들기 시작했다. 예전의 나와 같이 어려움을 겪고 있는 사람들을 위해, 마음 한편에서는 예전의 나를 위해서 한 일이었다. 그 당시 나는 정신적으로 많이 지쳐 있었고, 나를 이끌어줄 리더가

절실히 필요했다. 그 시절의 나에게 알려준다는 마음으로 이 책을 썼다. 이 책을 쓸 수 있었던 것도 메스떼를 만들 수 있었던 것도 그 시절이 있었기에 가능했다.

이 책에는 한 피부관리사가 성장하고 자리 잡기까지의 경험과 깨달음이 담겨 있다. 피부관리사로서 직접 겪은 수많은 사례와, 피부관리사 양성 교육을 하며 수집한 수많은 사례가 수록되어 있다. 1장에서는 인생의 변곡점에서 느낀 감정과 깨달음을 공유했다. 2장에서는 격변하는 피부관리 시장에서 살아남기 위해 알아야 할 현실과 피부관리 비즈니스 본질을 다뤘다. 3장에서는 내가 10년간 쌓아온 에스테틱 방법론을 공개했다. 4장에서는 누구나 쉽게 따라 할 수 있는 실전 노하우를 실었다. 마지막 장에서는 롱런하는 피부관리사들의 공통점을 소개했다.

길잡이 등대가 되고 싶었다

나는 그동안 사소하고 작은 것 하나에도 의문을 품고 지금의 시스템이 합리적인지 알아내기 위해 집요하게 파고들어 문제를 해결하려고 애썼다. 고객을 어떻게 응대하는지 그 방법을 알려주기에 앞서 고객은 어떤 사람이고 어떻게 인식하고 바라봐야 하는지, 고객과의 관계를 어떻게 설정해나가야 하는지를 깊게 고찰했다. 이 책은 피부관리 테크닉을 비법이라는 이름으로 그럴싸하게 포장하기보다는 테크닉의 기원과 근원을 파헤치고 어떤 정신을 깃들게 할지 안내하는 피부관리사 안내서다. 피부관리실을 창업하고 순식간에 돈 버는 비결을 알려주는 책이 아니라 사업에 관한 개념과 원리, 책임 및 소명을 알게 하고 자신의 역량을 꾸준히 키워나가는 방법과 사업을 이어나갈 수 있는 방법에 대한 책이다. 부디 이 책이 이정표 없이 떠돌았던 당신에게 나아갈 길을 밝혀줄 등대가 되길 바란다.

이 책이 나오기까지 많은 분들의 도움을 받았다. 우선 정형찬 공저자에게 고마움을 전한다. 이 책에 실린 많은 내용이 정형찬 저자의 손을 거치면서 읽기 쉽게 다듬어졌다. 실전 사례들은 현장 실무자들과 교육생들에게 직간접적으로 도움을 받아 수록한 것이다. 에스테틱 업계의 선배이자 좋은 동반자가 되어준 엄마, 나의 첫 제자이자 교육을 통해 한 사람의 인생을 바꿀 수 있다는 확신을 심어준 동생, 마지막으로 책을 빛나게 해준 라온북 관계자들에게 감사의 인사를 전한다.

내 삶에서 힘과 이유가 되어준 가족과 제자들에게 이 책을 바친다.

대표 저자 정서영

CHANGER

2장 격변하는 시장에서는 이렇게 살아남아라

3장 에스테틱의 판을 바꾸는 6가지 전략

4장 현장에서 배우고 실전에서 써먹는 마케팅 노하우 7

CHANGER

5장 롱런하는 피부관리사는 다르다

1장

비즈니스 판을 바꾸는 젊은 도전자가 되다

• • •

위기는 인생의
그늘이 아닌 전환점

열여덟, 우리 집이 무너졌다

열여덟 살에 우리 집이 망했다. 아버지의 투자 실패로 집이 쫄딱 망했다. 집에는 빨간 압류딱지들이 붙기 시작했고, 아버지는 행방이 묘연해졌다. 집의 문을 두드리며 돈을 받으러 오는 사람들이 생겼고, 집에는 아무것도 모르는 초등학교 6학년 동생과 마음 여린 우리 엄마뿐이었다. 생전 처음 겪는 일이 이어지면서 하루하루 무섭고 두려운 일투성이였지만 나는 슬퍼할 겨를이 없었다. 마음 약한 엄마와 어린 동생을 지켜야 했다. 돈을 찾으러 오는 사람들에게서, 그리고 지금 닥쳐온 위기에서.

평온한 일상에 붙은 빨간딱지

거실에서 엄마와 TV를 보고 있는데 초인종이 울렸다. 아마 아빠가 빌린 돈을 받으러 온 사람들일 것이라고 생각했다. 엄마는 금방이라도 무너질 듯한 표정을 짓고 있었다. 나는 일부러 엄마에게 아무렇지 않은 듯 "엄마, 괜찮아. 아빠가 빌린 거잖아. 아빠가 잘 해결할 거야. 그냥 무시해. 우리와 상관없어"라고 말하며 TV 볼륨을 키웠다. 초인종은 몇 분간 계속 울렸고 엄마의 얼굴을 보니 울음이 터지기 직전이었다. 나도 심장이 터질 것 같았지만, 겉으로는 태연한 척하며 두려운 감정을 억눌렀다. 그렇게 초인종이 울리다 조용해져서 '이제 갔구나'라고 안도의 한숨을 쉬려는 순간, 현관문이 열리는 소리가 들렸다. 우리 집 도어락을 따고 사람들이 들어왔다.

한 아저씨가 엄마에게 말했다. "아줌마, 왜 있는데 문을 안 여세요?" 우리 엄마는 사시나무 떨 듯 몸을 떨며 "안 들려서요……"라고 답했다. 문을 따고 들어온 낯선 아저씨들은 손에 무언가 쥐고 있었고, 그것을 우리 집 텔레비전, 냉장고, 가구에 붙이기 시작했다. 우리 가족의 평온한 일상에 빨간딱지가 붙은 것이었다.

그 광경을 보며, 나는 억장이 무너졌다. 생전 처음 겪는 일이라 직접 눈으로 보고도 믿기지 않았다. 꿈을 꾸는 것 같았다. 슬픈 감정도 잠시였고 동생이 생각났다. '어린 동생에게 집안 곳곳에 붙은 빨간딱지를 어떻게 설명해야 할까, 어떻게 전해야 이 아이 마음이 다치지 않을까'라는 생각부터 들었다. 동생은 아직 너무 어렸고 엄마는 계속되는 사건들로 몸과 마음이 지친 상태였다. '내가 이 사람들을 지켜야겠다. 우리 가족의 기둥이 되어야겠다.' 빨간 딱지는 평범한 학생이었던 나에게 책임감과 강인함을 갖게 된 계기가 되었다.

"가장 싼 집을 보여주세요"

집이 담보로 넘어가서 우리 식구가 살 곳이 없어졌다. 엄마의 손을 잡고 부동산에 갔다. 나는 중개사에게 '여기서 가장 싼 집'을 보여달라고 했고, 중개사는 엄마와 나의 표정을 보고 우리의 상황을 단번에 이해한 듯했다. 그렇게 엄마 손을 잡고 우리가 살던 집과는 전혀 다른 환경의 집을 보러 다녔다. 엄마는 울 것 같은 얼굴을 하며 그저 말없이 뒤에서 나와 중개사를 바라보았다.

나는 인터넷을 보고 미리 공부한 지식으로 수압과 배수 상태를 확인했고, 겨울에 난방이 잘되는지, 외풍이 심하지 않은지 등을 집주인 아주머니께 여쭤보았다. 나의 이런저런 질문에 아주머니가 호탕하게 웃으며 "딸이 참 야무지네요, 정말 든든하겠어요"라고 말했다. 그때서야 엄마가 처음으로 희미하게 웃은 기억이 난다.

집으로 돌아오는 길에 엄마와 많은 이야기를 주고받았다. 엄마는 자신이 지금껏 살아온 인생이 부정당하는 것 같다고 말했다. 엄마가 백화점에서 열심히 일하며 벌어온 돈이 아빠의 사업 실패로 한번에 날아갔다. 20년 동안 뼈 빠지게 일한 결과물이 다 날아갔을 때의 심정을 어떻게 위로할 수 있을까. 그저 담담하게 엄마에게 말했다. "그래도 내가 있잖아. 나라는 결과물이 있잖아. 엄마가 일한 것들, 다 날아간 게 아니라 나한테 투자했다고 생각하고 지금부터 다시 시작하자", "재산을 다 잃고 빚이 생기긴 했어도 지금부터 갚으면 되지", "새로운 도화지에 앞으로 즐거울 우리의 삶을 그려보자". 집으로 돌아오는 길에 우리는 앞으로 어떻게 살지 어떤 삶을 살지 즐거운 미래를 전망하며 이야기 나눈 기억이 난다.

나는 내 인생을 바꾸는 게임 체인저가 되겠노라고 다짐했다. 집이 망했다고 주저앉아 푸념만 늘어놓는 사람이 될 것이 아니라, 내 인생의 규칙을 내가 정립하고 지켜나가는 사람이 되기로 했다. 망가진 일상을 원래대로 되돌리기 위해 피부관리실 직원부터 시작해, 한의원 피부관리 총괄자, 프랜차이즈 교육부 강사, 그리고 에스테틱 아카데미 메스떼 대표까지 미친 듯이 달려왔다. 그 덕분에 원래 계획보다 일찍 그 힘든 시기를 벗어날 수 있었다. 예전에 살던 집보다 훨씬 좋은 곳으로 이사도 갔고 평온한 일상도 되찾을 수 있게 되었다.

사람에게 어떻게 좋은 일만 있겠는가. 삶이 어떻게 좋을 수만 있겠는가. 고꾸라져도 다시 일어나면 된다. 일어나고 다시 달려나가는 태도가 중요하다. 열여덟 살이라는 어린 나이에 이런저런 일들을 겪으면서 삶에 대한 지혜를 배웠다.

고사리 같은 손으로 시작한 피부관리사의 길

나는 2월에 태어난 빠른 연생이라 남들보다 1년 빠른 열여섯 살의 나이에 고등학교에 입학했다. 어릴 때부터 미용과 피부관리에 관심이 많아서 미용학원을 다니며 16세에 피부관리사 자격증을 취득했다. 좋아하는 일을 열심히 할수록 인정받을 수 있다는 사실에 즐거워서 각종 미용대회에 나가서 상을 휩쓸었다. 각종 수상 경력을 바탕으로 일찍 피부관리사로 일할 수 있었고, 가정 살림에 조금이나마 보탬이 될 수 있었다.

대학교에 입학하면 열심히 놀 생각에 마음이 부풀어 있었는데, 하필 집이 망한 시기가 대학 새내기 때였다. 그 당시 같이 다녔던 동기들은 아무렇지 않은 듯 만 원이 넘는 점심 식사를 했지만, 나는 그 돈이 아까워서 도시락을 싸서 시청각실에서 혼자 먹곤 했다. 그때 동기들은 "정서영 역시 특이해"라고 말했던 기억이 난다.

고등학생 때 미리 학원을 다니며 열심히 준비한 덕분에, 오히려 전공 시간에는 교수님이 내게 동기 언니들을 가르치라고 할 정도가 되었다. 대학교에서 뭔가 특별한 것을 배울 거라고 기대했던 터라 대학 생활을 하면 할수록 현장 경험에 대한 갈증을 느꼈다. 정신을 차려보니, 나는 이미 피부관리실을 돌아다니며 일을 구하고 있었다. "원장님 혹시 일손 필요하지 않으세요?" 근처 피부관리실을 다 돌아다녔다. 그중 세 곳에서 연락이 왔다. 내가 기특하다면서 면접이나 한번 보자는 연락이었다.

모든 원장님들이 나를 보고 입을 모아 한 말이 있었다. "어머, 그 고사리 같은 손으로 뭘 하려고?" 지금 생각해보면 그 당시 원장님들은 내가 마냥 귀여웠던 것 같다. 조그만 애가 당돌하게 피부관리실에 찾아와서 자신을 써달라고 하지 않나, 손을 보니 아기 손이지 않

나. 일을 시킬 수 있는 사람이라기보다는 아이로서 바라본 것 같다. 하지만 나는 내 신체 조건이 피부관리를 못할 이유라고 생각하지 않았다. 손이 작으면 더 세심하게 피부관리를 할 수 있는 것이고, 젊은 피부관리사만이 줄 수 있는 에너지가 있다고 생각했다.

내 패기가 전해진 것일까. 피부관리실 한 곳에서 다음 날부터 출근하라는 얘기를 들었다. 짜릿한 순간이었다. 일을 할 수 있다니! 단순히 일을 할 수 있다는 것에 감사했던 나는 출근 시간보다 항상 30분 일찍 출근했다. 나를 고용해준 것에 감사하고 출근할 수 있다는 점에 감사했다. 출근해 아무도 없는 관리실도 좋았고 은은한 화장품 냄새가 나를 반겨주는 것이 즐거웠다. 제일 일찍 출근하고 제일 늦게 퇴근했다. 뭐 하나라도 더 배우고 싶어 밤늦게까지 혼자 남아 연습했다. 배우는 것이 즐거워 쉬는 날에도 출근을 했다. 이런 노력들이 원장님 눈에 기특하게 보였는지, 피부관리실에 취직조차 힘들었던 나는 3개월 만에 작은 피부관리실의 실장이 되었다.

열여덟 살 때 집이 압류된 사건은 어린 나에게 삶의 지혜를 알려주는 계기가 되었다. 삶이 마냥 좋을 수만은 없다는 것, 지금 놓인 상황을 부정하면 안 된다는 것, 주어진 상황을 겸허히 받아들이고 그 안에서 즐거움을 찾아야 한다는 것, 앞으로 전진해야 된다는 것, 포기는 배추 셀 때나 하는 것이라는 것을 알려줬다. 이 깨달음은 인생에 큰 변환점이 되었고, 지금도 나는 힘이 부치는 일이 생기면 열여덟 살의 나에게 지혜를 빌려 살아가고 있다.

기존의 방식을 버릴 때 다른 길이 열렸다

열아홉, 피부관리실의 책임자가 되었다

동생은 어릴 적부터 비염으로 고생을 많이 했다. 주변에서 서울 노원구에 명의가 있으니 동생을 데리고 가보라고 추천해줬고, 그 당시 남양주에 살던 나는 동생을 데리고 추천받은 한의원에 갔다. 그때 한의원 원장님을 처음 만났다. 왕복 3시간이 걸리는 먼 거리였지만 한의원에 갈 때마다 동생의 증상이 좋아져서 꾸준히 한의원을 다녔다. 평소 몸과 피부를 공부하며 궁금한 점이 많았던 나는 동생 진료 때마다 원장님에게 자연스럽게 이것저것을 물어보았다. 그런 내 모습이 기특해서였을까. 원장님은 나에게 같이 일하며 공부를 해보는 것이 어떻겠냐고 제안했다.

나는 원장님의 제안에 정말 기뻤지만 거절할 수밖에 없었다. "말씀은 정말 감사드립니다. 그런데 저는 피부관리사여서 병원에서 일하는 것은 힘들 것 같습니다." 선의를 베푼 사람에게 괜히 짐만 되는 것을 원치 않았기 때문이다. 하지만 원장님은 나에게서 진정성과 잠재성을 보았다며 꼭 같이 일하고 싶다고 했다.

며칠이 지난 뒤 원장님이 다시 연락을 했다. 한의원에서 피부관리를 시작해보겠다는 말씀이었다. "나는 피부관리에 대해 아는 것이 하나도 없어요. 그러니 서영 씨가 나 대신 피부관리에 대한 모든 것을 도맡아서 해야 합니다." 인간 정서영을 믿고 피부관리를 시작하는 것이니 꼭 잘해달라는 부탁을 했다.

처음에는 잘못 들은 줄 알고 원장님께 내가 이해한 내용이 맞는지 되물었다. 원장님은 제대로 들었다며 언제부터 일을 할 수 있냐고 물었고 나는 그때서야 실감할 수 있었다. 가슴이 벅찼다. 나를 믿어준 만큼 무조건 원장님께 보답하리라는 마음으로, 나는 열아홉 살에 한의원 피부관리실 책임자가 되었다.

베드 한 칸이면 충분했다

막상 한의원에서 피부관리를 시작하려니 모든 것이 막막했다. '한의원에 피부관리를 받으러 올까?' 하는 생각부터 시작해 '지금부터 내가 이 한의원의 피부관리실을 책임져야 하는데 어떡하지?'라는 두려움이 앞섰다. 이런 마음을 다잡기 위해서 피부관리실 매뉴얼부터 만들었다. 피부관리를 위한 도구를 세팅하고 제품회사와 미팅을 했다. 프로그램을 만들고 상담 매뉴얼, 고객관리 방안 등을 생각해냈다. 하나부터 열까지 혼자 개장 준비를 하려 하니 벅찬 것도 사실이었다. 누군가의 도움이 필요했다. 하지만 아무리 검색해도 피부관리실 개장에 대한 정보를 찾기 힘들었다. 그저 스스로의 힘으로 하나씩 해나가는 수밖에 없었다.

한의원에서 가장 안쪽 베드의 한 칸이 나의 자리였다. 원적외선 조명 아래에서 고객의 배에는 황토 찜질팩을 올려놓고 피부관리를 시작했다. 지금 생각해보면 거기서 어떻게 피부관리를 했나 싶을 정도로 환경이 열악했다. 열심히 피부관리를 하고 있으면 옆에서는 어르신에게 부항 뜨는 소리가, 뒤에서는 "아이고, 의사양반 나 엉치가 너무 아파" 하는 앓는 소리가 들렸지만, 그런 소리에 아랑곳하지 않고 꿋꿋이 클렌징을 하고 고객 얼굴에 열심히 팩을 올렸던 기억이 난다.

그 당시 나는 베드 한 칸이지만 내가 주도해서 피부관리실을 꾸려나가고 직접적인 경험을 쌓을 수 있다는 사실에 감사했다. 기회를 준 한의원 원장님에게 항상 감사했고 그 믿음에 보답하기 위해 정말 열심히 사명감을 가지고 일했다.

열여덟 살에 피부관리실에서 실장으로 일할 때는 현장에 대한 갈망과 일에 대한 욕심으로만 일을 했다면, 집이 경매로 넘어가고 나서는 절박함과 감사함이 나의 원동력이 되었다. 어떻게든 피부관리실을 성공시켜야만 했다. 그 당시 나는 부족한 점이 많았다. 스스로도 부족함을 잘 알았기에 내가 부족한 만큼 고객에게 더더욱 신경을 썼다. 매 순간 최선을 다했다. 집을 살려야겠다는 마음 하나로 악착같이 일을 했고, 원장님께 보답해야 된다는 마음이 일의 원동력이 되었다.

그 결과 피부관리를 받으러 오는 고객은 늘어갔고, 한의원 매출 중 피부관리가 차지하는 부분이 상당히 많아졌다. 기존의 베드로는 넘쳐나는 고객을 감당하기 힘들어서 부원장실을 피부관리실로 개조하기로 했다. 3개월 만에 베드 4개 규모의 피부관리실이 생겼다.

이때 처음으로 피부관리실 인테리어에 대해 공부를 했고 업자를 만나 시공에 관련된 회의를 주도적으로 진행했다. 장장 일주일에 걸친 대규모의 시공이 끝나고 나니 평범했던 흰 방이 고급스러운 피부관리실로 바뀌었다. 그때 가슴 벅찼던 느낌은 아직도 선명하게 기억이 난다. 태어나서 처음으로 나만의 공간이 생긴 기분이었다.

내가 열심히 한 만큼 결과가 따르고 그에 대한 보상이 따른다는 것이 너무 재미있었다. 이때부터 피부관리사로서 능력을 키워나가야겠다는 다짐을 했다. 그리고 나의 능력을 키워 한의원 원장님처럼 나 또한 성공하여 누군가에게 이런 은혜를 베풀고 싶다는 목표도 생겼다. 목표를 이루기 위해 본격적으로 피부관리 역량을 키우는 것에 집중했다.

고객 응대의 모범 답안을 배우다

피부관리실을 확장한 후로 자연스럽게 피부관리를 받는 고객들이 더 늘어나기 시작했다. 나만의 공간이 생겼기 때문에 피부관리와 고객에게 더 집중할 수 있었다. 혼자 생각할 시간이 생겼고, 그동안 제대로 파악하지 못했던 것들을 깨달았다. 어떻게 해야 조금 더 효과적으로 피부관리를 할 수 있을까 하는 고민과 동시에 공부를 해야겠다는 생각이 들었다.

훌륭한 모범 답안이 바로 근처에 있었다. 한의원에서 원장님이 환자를 대하는 자세를 보며 내가 고객을 생각하고 대하는 방식이 잘못되었다는 것을 느꼈다. 원장님은 환자를 궁금해했다. 환자에 대해 자세히 물어보면서 소통을 하며 환자의 문제점을 찾아갔다. 나는 반대로 고객에 대해 아는 척을 했다. 내가 아는 지식의 한도에서 고객을 끼워 맞추려고 했다. 근본적으로 고객에 대한 접근법이 나와 원장님은 완전히 다르다는 것을 깨달았다.

나는 고객과 상담을 할 때 항상 불안하고 초조했다. 나와는 반대로 원장님은 항상 여유가 넘쳤다. 의사가 환자를 대하는 자세에 관해 배워야겠다는 생각을 했다. 그때부터 원장님을 졸졸 따라다니며 관찰했다. 환자를 진찰하고 치료하는 모습을 관찰하고 환자에게 어떻게 이야기를 하는지, 어떤 질문을 하는지 메모를 하며 피부관리에 어떻게 접목시킬지, 나의 고객에게는 어떻게 이야기하고 전달할지 구체적으로 생각해 방안을 작성했다.

차이를 알아야 바꿀 수 있다

의사가 환자를 치료하는 방식이나 조언, 환자를 대하는 자세, 초진을 상담하는 방법 모두 피부관리실의 접객 방식과는 확실히 달랐다. 나는 이 차이를 분명히 알고 배워야 했다.

의사와 피부관리사의 가장 큰 차이점은 '문제 해결 방식'에 있었다. 한의원을 찾는 환자는 어떤 문제를 가지고 병원에 내원한다. 한의사는 환자를 진찰해 문제를 해결하고 몸이 호전되면서 환자는 자연스럽게 의사를 믿고 신뢰하는 방식으로 한의사와 환자의 관계가 설정된다. 여기서 한 가지 분명히 깨달은 사실은 피부관리사도 고객의 문제 해결 방식을 바꾸지 않는다면 고객에게 항상 '을'이 되겠다는 것이었다. 문제를 해결하는 데 앞서 나가기보다 자신이 만든 매뉴얼에 고객을 가두고 나니 고객이 언제 어떻게 나의 경쟁자에게 날아갈지 몰라서 항상 전전긍긍하고, 그 결과 을의 입장이 될 수밖에 없다는 깨달음이었다.

피부관리 전후의 변화가 없는 것은 아니지만 피부관리에는 의사처럼 고객의 문제를 명확하게 정의하고 해결하는 기준점이 없다. 그 탓에 고객은 피부관리를 받으면 기분이 좋은 것 정도로만 인식한다. 필요에 의해서 피부관리를 받는 것이 아니기 때문에 언제 어떻게든 고객은 떨어져나갈지 모른다. 나는 원장님을 통해 고객을 대하는 방법에 대해 배우게 되었다. 일반적인 피부관리사의 관점에 갇혀서는 안 된다는 것을 느꼈다.

새로운 방식은 새로운 판 위에서

정면돌파하기로 했다

나는 내 지식의 한계를 느꼈다. 나는 고객의 문제를 정확하게 파악할 능력이 없었고, 부족한 지식으로 인해 고객에게 추상적으로 말할 수밖에 없었다. 원장님은 전문 지식을 바탕으로 고객의 문제를 짚어내고 해결하는 반면, 나는 고객에게 그저 정해진 매뉴얼만 들이밀며 상담을 진행하고 있다는 것을 깨닫게 되었다. 원장님처럼 전문적으로 문제를 짚어내어 해결하고 싶었고, 고객에게 명확하고 친절하게 설명하고 싶었다. 온갖 상을 휩쓸며 피부관리에 자신감이 넘치던 내가 왜 명쾌하게 문제를 짚어내지 못하는 것일까? 문제를 찾아내 정면돌파하기로 마음먹었다.

매뉴얼만 따라 읽는 앵무새

가장 먼저 떠오른 문제는 내가 만든 매뉴얼이었다. 내가 만들어 놓은 매뉴얼에 나 자신이 갇혀 있었다. 나도 모르게 매뉴얼만 따라 읽는 앵무새가 되어 있었다. 주입식 교육의 폐해였다. 피부관리에 대해 배울 때 모든 사람이 매뉴얼의 중요성을 강조했기 때문에 나 역시 그렇게 하고 있었다.

대다수의 교육과 마찬가지로, 피부관리 교육을 받을 때도 주입식 교육이 주를 이룬다. 교육하는 사람들 중에서 그 누구도 나에게 원리를 설명해주지 않았다. 테크닉에 대한 매뉴얼, 고객에 대한 매뉴얼, 상담에 대한 매뉴얼 등 모든 사람이 매뉴얼과 방법만 강조하며 무조건 따라 하면 된다고 말했다. 예를 들면 테크닉을 할 때 체중을 실으라면서 어떻게 체중을 싣는지 구체적으로 알려주지 않았다. 이유를 물어보면 그냥 그렇게 하면 된다는 답만 들었다. 그래서 교육을 받을 때 교육자를 그대로 따라 하기 바빴다. 시간이 흐를수록 내 머릿속은 내가 '아는 지식'이 아닌 '어디서 주워들은 말'로 가득 찼다. 매뉴얼을 벗어나는 상황에 대처하기 어렵게 되었고, 근본적인 이해 없이 타성에 젖어 매뉴얼만 읽는 사람이 된 것이다.

나는 매뉴얼만 따라 한다면 응용이 불가능하다는 사실을 깨달았다. 매뉴얼에서 조금만 벗어나는 상황이 일어나면 당황스러웠다. 그러나 현장은 내가 원하는 대로 매뉴얼에 딱딱 끼워 맞춰질 만큼 녹록하지 않았다. 이 사실을 분명히 깨닫고 나는 고객을 대하는 전략을 완전히 바꿨다. 이 매뉴얼이라는 판에서 빠져나오기로 했다.

매뉴얼만 따라 읽는 기존의 상담 방식을 과감히 버렸고, 고객과 직접적으로 부딪히는 상담 방식을 선택했다.

매뉴얼로부터의 탈출만이 답이다

매뉴얼에서 탈출하기는 결코 쉽지 않았다. 매뉴얼 없이 고객을 마주할 용기가 필요했다. 미리 준비된 답이 아니라 매 순간 집중해 고객의 말을 이해하고 그에 알맞은 답을 내놓아야 했다. 하지만 지금 당장 매뉴얼을 버리지 않는다면 나는 그저 그런 피부관리사로 영원히 남게 될 것이라는 점이 분명했다.

매뉴얼 없이 고객을 대하기 위해선 고객에게 인간적인 모습을 보여야 했다. 매뉴얼대로 한다면 인위적으로 완벽한 모습을 보이려고 애썼을 것이다. 나는 내가 아는 것을 그대로 이야기하고 고객의 문제를 해결하기 위해 매뉴얼상의 질문이 아니라 자연스럽게 생기는 궁금증을 바탕으로 질문해야 했다. 질문하며 고객에게 들은 대답을 정리하면서 고객의 문제를 해결하기 위해 애썼다. 새벽까지 남아서 공부했고 오늘 해결하지 못한 문제를 다음 주에는 꼭 해결하겠다고 다짐했다. 하나가 아니라 몇 가지 방법을 준비해서 고객의 문제를 해결해나갔다.

내가 매뉴얼을 버리고 노력하는 과정에서 고객들은 나에게 감동했고 나를 신뢰하기 시작했다. 이때 처음으로 진정성에 대한 개념을 깨달았다. 고객의 문제를 해결하기 위해, 고객과의 약속을 지키기 위해 내가 시간을 투자하고 노력하는 것이 바로 고객을 위한 진정성이었다.

결과를 확신할 수 있나

그다음으로 떠오른 문제는 피부관리에 대한 근본적인 문제였다. 나의 능력에 대한 확신이 없었다. "피부관리 테크닉은 고객에게 어떤 가치를 주는가?", "피부관리를 받으면 무엇이 변하는가?", "피부관리를 받고 나서 어떤 결과가 있는가?" 등을 스스로에게 질문해봤지만 확실히 대답하지 못했다.

분명히 피부관리를 하면 피부가 좋아지고 체중이 감소되고 통증이 개선되는 효과가 있다. 그런데 고객에게는 정확하게 설명하지는 못했다. 구체적으로 알지 못하기 때문이다. 어영부영 알면 고객에게 설명을 하지 못한다. 'A를 하면 B가 된다'는 확실한 공식이 없었다. 단순히 '하면 되겠지'라는 생각으로 피부관리를 한 것 자체가 문제였다. 고객에게 전달하는 가치가 명확하지 못했기 때문에 피부관리사로서의 나의 역량도 문제가 되었다.

테크닉을 통해 무엇이 어떻게 변하는지 아는 것은 피부관리사로서 당연히 알고 있어야 하는 지식이었다. 내가 무슨 관리를 하는지 구체적으로 정의하지 못하니 고객에게 전달할 수 없었고 그 결과 상담이 어려웠던 것이다.

상담이 구체적이지도 않은데 결과마저 확신하지 못하니 고객을 완전히 설득하기 어려웠다. 나는 무의식 깊은 곳에 꽁꽁 숨겨두었던 두려움을 인정할 수밖에 없었다. 피부관리를 오래했지만 발전이 없다고 느끼는 이유와 고객에게 왠지 모르게 위축되는 이유는 내 능력에 대한 불확신에서 왔다. 피부관리를 통해 확실한 결과를 주지 못한다는 생각이 문제였다. 결과를 확신할 수 있어야 고객 앞에서 당당하고 안정적으로 일할 수 있다. 나는 고객 앞에서 자신감 있는 모습으로 여유 있게 말하며 고객을 잘 이끌고 싶었다.

이 문제를 해결하기 위해서는 내가 무엇을 할 수 있는지 정확히 아는 것이 필요했다. 'A 테크닉을 했을 때 B라는 결과가 나온다'는 법칙이 필요했다. 한의원에선 이런 법칙을 토대로 치료를 하고 임상 데이터를 통해 치료에 대한 확신이 있었다. 이 단순한 원칙으로 의사와 환자 사이에서 신뢰관계가 형성되었고 한의원을 찾는 사람들의 만족도가 높았다. 나 또한 피부관리에 대한 공식이 필요했다.

내가 달라지면 고객도 달라진다

내가 가진 문제점을 파악하고 그 문제점을 해결하기 위해 노력하자 효과는 생각보다 금방 나타났다. 매뉴얼에 완벽하게 끼워 맞춰 고객에게 답변해야 한다는 강박에서 벗어났다. 나는 점쟁이가 아니기에 고객의 문제를 단번에 알 수 없다는 것도 인정했다. 고객과 나눈 질문과 답변 속에서 해답을 찾아가기 시작했다. 기존의 기준대로 정한 매뉴얼에 고객을 끼워 넣는 행동을 멈추고 나자 고객이 제대로 보이기 시작했다. 고객의 이야기가 들렸고 고객의 진짜 문제점들이 하나씩 보이기 시작했다.

고객의 문제를 해결하기 위해 많은 질문을 했고 각 고객에 맞는 테크닉을 만들기 시작했다. 이때부터 고객의 문제를 해결할 수 있게 되었다. 기존에 피부관리를 할 때는 고객의 눈치를 보고 고객의 말에 맞장구를 치기 바빴다면 이제는 고객에게 집중해서 필요한 질문을 하고 고객의 문제를 해결하기 위해 시간을 썼다.

초심자로 돌아가 다시 시작하는 마음으로 피부관리에 임했다. 테크닉, 상담, 고객관리의 영역에서 기반부터 다시 다졌다. 그리고 내가 만든 공식들을 임상에서 적용함으로써 확신을 쌓아나갔다. 기존 피부관리사로서의 불확실성을 바꿔야 살아남는다는 것을 처음에는 의사의 치료법을 통해서, 나 자신의 무의식과의 싸움을 통해서, 직접 임상을 하며 고객이 나를 신뢰하는 과정을 통해서 확실히 깨달았다.

의대생처럼 공부하고 실습하며

가장 많이 읽고 가장 열심히 공부하다

한의원 원장님을 옆에서 몇 개월 지켜본 결과, 피부관리사도 의사처럼 결과에 대한 확신을 가질 수 있어야 한다고 판단했다. 결과를 확신하기 위해서는 구체적인 전문 지식이 필요하다는 것도 알게 되었다. 그때부터 나는 원장님을 따라다니며 본격적으로 근육학과 피부관리 테크닉의 관계를 비롯해 피부관리사가 배울 수 있는 학문 분야를 공부하기 시작했다.

우선 서점에 가서 책을 사기 시작했다. 아마 이때가 인생에서 책을 가장 많이 본 시기인 것 같다. 공부를 하면 할수록 피부관리사가 보기 쉬운 근육학 책들의 한계가 보였다. 고민하다가 의사들이 참

고하는 전공 서적들을 사게 되었다. 의학 서적들은 가격이 비쌀 뿐만 아니라 어려운 말과 영어로 가득했다. 책을 펼쳐서 단순히 읽는 것만으로도 엄청난 시간이 걸렸다.

모르는 것은 검색하고 그렇게 해도 모를 때는 원장님을 찾아가 질문하며 마치 암호문을 풀 듯 의대 전공 서적을 해석했다. 원장님을 관찰하는 것도 빼먹지 않았다. 의대생이 현장을 실습한다는 마음으로 원장님이 환자에게 전달하는 정보를 듣고 A4용지에 받아 적었다. 거기서 만족하지 않고, 양해를 구하고 환자에게 침을 놓을 때 같이 들어가서 침놓는 모습을 살피기도 했다.

본격적으로 근육학을 익히며 치료적인 방법으로 피부관리에 접근하기 시작했다. 근육학은 말 그대로 근육에 대한 지식이었다. 인터넷 검색창에 안륜근을 검색하면 안륜근의 통증 포인트와 이완 방법이 나오지만, 그 이론들을 단순히 외우기만 하는 것은 아무 의미가 없다. 근육의 위치와 기능을 파악하는 것은 물론, 의사가 하듯 직접 만지며 느끼고 치료하는 과정이 필요했다. 다행히 최고의 교과서가 바로 옆에 있었기 때문에 수월하게 해나갈 수 있었다. 따라 하기에 그치지 않고 피부관리사만의 테크닉을 만들겠다는 목표를 세웠다.

발로 뛰며 얻어낸 전문성

정형외과의 물리치료와 추나요법, 통증클리닉, 도수치료 등 근육에 대한 치료란 치료는 모두 다 받으러 다니면서 데이터를 쌓았다. 정형외과에 가서 의사에게 도수치료와 추나요법의 차이점이 무엇인지, 어떤 치료법이 더 좋은지 물어봤다. 다른 한의원에 가서는 추나요법과 도수치료 중 무엇이 더 좋은지, 그 차이점이 무엇인지 물어봤다. 치료비만으로 꽤 큰 돈을 지출했다. 물리치료사에게 치료를 받을 때도 근육과 물리치료에 대해 쉬지 않고 물어봤다. 치료가 끝나면 곧장 탈의실로 달려가 보고 들은 내용을 글로 적기 바빴다. 주변에서는 나를 이해하지 못했다. "왜 굳이 그렇게까지 하냐?", "힘들지 않냐?", "인생 피곤하게 산다"라는 말들을 종종 들었지만 나에게는 확실한 목표가 있었다.

피부관리실에서 직원일 때도, 피부관리실을 운영하던 때도 왠지 모르게 자꾸 고객에게 '을'이 된다는 느낌을 받았다. 나는 피부관리를 하고 정당한 대가(돈)를 받는 것뿐인데, 상담 때만 되면 왠지 모르게 위축되었고 고객과의 관계가 편하지 않았다. 피부관리를 할 때도 관리에 집중할 수 없었다. 고객의 비위를 맞춰야 했기 때문이다.

억울했다. 내 일을 하는 것뿐인데 왜 내가 위축돼야 하는가? 의사는 존경받는데 왜 피부관리사는 존경받지 못하는가? 그 대답은 '전문성'에 있었다. 전문성이 있다면 고객은 피부관리사를 신뢰한다. 하지만 전문성이 없다면, 전문성의 빈자리를 채우기 위해 '감정노동'을 해야 한다. 간단한 원리였다. 나는 전문성이 없기 때문에 감정노동을 해야 했던 것이다. 나름대로 전문성이 있다고 생각했는데, 근거도 부족했고 결과도 모호했고 그저 있는 '척'을 한 것뿐이었다. 그 사실을 인정하고 나니 속이 후련했고, '피부관리사로서 전문성'을 만들고 성장시켜야겠다는 목표가 생겼다.

결과 중심의 테크닉을 연구하다

피부관리를 하며 지속적으로 임상 경험을 쌓아나갔다. 나는 테크닉을 두 가지 목적으로 정의했다. 아름다움을 위한 미용 목적과 고객이 겪고 있는 불편한 문제점을 해결하는 트러블 목적이 그 두 가지였다.

눈의 근육 안륜근을 예로 들자면, 미용 목적의 피부관리는 눈이 커지고 다크서클을 개선하기 위한 방법이다. 반대로 트러블 목적의 피부관리는 안구건조증, 눈의 피로함, 침침함, 눈 떨림, 더 나아가 두통과 불면증까지 해결하기 위한 치료 방법이다.

근육을 가볍게 풀게 되면 미용 목적이 되고 몇 차례에 걸쳐 보다 깊이 풀게 되면 트러블 목적이 해결되는 결과 중심의 테크닉을 개발했다. 비근을 관리하면 미용 목적으로는 콧대가 살아나고, 더 깊이 근육 관리에 들어가면 트러블 목적의 비염, 코 훌쩍임, 축농증 등을 개선시킬 수 있었다.

아름다워지기 위해 피부관리실을 방문한 고객은 숨어 있던 콧대가 살아나고 눈이 커지는 모습을 보고 굉장히 신기해했다. 통증 목적으로 온 고객은 눈이 맑아지고 시야가 뚜렷해진다며 테크닉에 대해 궁금해하기도 했다. 안륜근과 측두근만 집중적으로 잘 풀어줘도

스트레스 완화에 좋아서 평소 신경성으로 예민한 고객과 수험생에게 아주 좋은 관리로 자리잡았다.

소스 테라피의 탄생

테크닉을 마사지로 소비하기에는 발현할 수 있는 것들이 너무 많았다. 나는 테크닉을 연구하며 고객 문제의 근본적인 원인을 찾아 해결하는 것에 중점을 두었다. 테크닉이 지닌 고유의 가치와 테크닉을 연구한 정신을 그대로 담아 테크닉의 명칭을 소스 테라피(Source Therapy)로 정했다. Source(근원)와 Therapy(치료요법)를 합쳐서 고객의 문제를 근본적으로 해결하는 다짐과 사명을 담았다.

이를 위해서는 가장 먼저 소스 테라피를 증명해줄 사람이 필요했다. 소스 테라피가 문제를 접근하는 방식, 해결 방법, 결과를 객관적으로 검증해야 했다. 그래서 한의원 원장님에게 소스 테라피에 대한 의학적인 관점이 필요하다고 말씀드렸고 원장님도 이에 큰 관심을 보였다.

소스 테라피를 증명하는 가장 확실한 방법은 직접 시연하는 것이었다. 바로 원장님 얼굴에 소스 테라피를 시연했다. 안륜근, 측두근, 비근, 교근 등을 풀어가며 테크닉의 원리에 대해 하나씩 설명했다. "이것은 어떤 테크닉이고 어떤 근육을 자극하여 이런 효과가 있습니다", "어떤 증상이 있는 사람들에게 확실한 효과가 있는 피부관리입니다"라고 구체적으로 설명했다.

한의원 원장님은 한 번의 테크닉만으로도 효과가 굉장하다며 침 치료와 같이 병행하면 정말 좋을 것 같다고 말했다. 도대체 이런 테크닉을 어떻게 만들었느냐는 질문에, 근육학을 배웠고, 몸을 다루는 여러 분야의 전문가들이 근육을 대하는 접근법을 연구한 후에 피부관리사가 할 수 있는 방법으로 만들어낸 테크닉이라고 설명했다.

주객이 전도된 느낌이지만, 그 후로 원장님은 비염, 가슴통증, 구안와사 등의 증상이 있는 환자들을 나에게 보내기 시작했다. 신기하게도 소스 테라피를 받고 난 뒤 환자들의 증상은 크게 호전되었고 나 또한 임상과 데이터를 쌓을수록 소스 테라피에 대한 확신이 커졌다. 효과가 부진한 것이나 의학적 관점이 필요할 때는 한의원 원장님을 통해 테크닉에 대한 피드백을 바로 바로 받을 수 있었고 소스 테라피에서 부족했던 의학적 관점을 분명하게 채울 수 있었다.

노력은 배신하지 않는다

발로 뛰며 배우고 머리 쓰고 직접 임상을 내며 연구한 테크닉을 통해 한 가지 깨달은 사실이 있다. 노력은 절대 배신하지 않는다는 것이다. 처음에는 누구에게나 증명할 수 있는 근거가 명확한 테크닉을 만들어내기란 쉽지 않았다.

나는 학창 시절 공부와는 거리가 먼 학생이어서 공부한다는 것 자체가 낯설었다. 주변에서 “피부관리사가 무슨 과학적 근거를 찾느냐?”, “피부관리가 의학과는 거리가 멀지 않느냐?”, “마사지만 해도 고객은 좋아한다" 등의 말을 했다. 이런 말들을 무시하고 넘어가기엔 힘겨운 날들이 많았다. "피부관리사가 무슨 의사 행세를 내냐, 그냥 대충 관리나 해"라는 말부터 시작해 모두 나에게 안 될 것이라고 입을 모아 말했다. 이렇게 사기를 꺾는 부정적인 환경에서도 꿋꿋이 내가 이루고자 하는 것 하나만 보고 달렸다. 발로 뛰는 과정도 쉽지 않았다. 치료비도 꽤 많이 들었고 시간적으로도 많이 부담스러웠다. 막상 제대로 공부를 시작하려니 정말 힘들고 버거웠다.

직접 임상에 적용하는 과정에서도 용기가 필요했다. 내 노력들이 물거품이 될까 봐, 실패작이 될까 봐, 나의 생각이 틀렸을까 봐, 피부관리사로서는 정말로 한계가 있을까 봐 두려웠다. 날마다 두려움에 휩싸였지만 '안 되면 다시 하지 뭐' 하는 마음으로 내가 당연히 해야 할 일이라는 마음으로 끝내 소스 테라피를 만들었다.

고객관리에 코칭을 더하다

결과에 대한 근거와 확신이 생기자, 상담을 할 때 고객에게 무엇이 필요한지 명확하게 보이기 시작했다. 상담을 할 때면 고객에게 전하고 싶은 말이 너무 많아서 상담을 한번 하면 30분이 훌쩍 넘기도 했다. 상담을 하는 것 자체가 너무 재미있고 즐거웠다. 고객 관계도 완전히 뒤바뀌었다. 고객에게 항상 '을'의 입장이어서 잘못한 것도 없는데 위축되었던 내 모습도 사라졌다.

고객을 확실하게 이끌 수 있게 되면서 나로 인해 고객들이 변했고, 이 변화를 느낀 고객은 충성 고객이 되었다. 나는 점차 또 다른 욕심이 생겼다. 고객의 더 많은 것들을 바꿔주고 싶었다. 나의 테크닉을 더욱더 발전시키고 싶었다. 고객들이 나를 믿고 신뢰할수록 이 마음은 점차 커졌다.

고객 한 명 한 명에게 목표를 정했다. '다이어트에 항상 실패하던 고객에게는 피부관리와 고객관리를 통해 다이어트를 성공시켜보자', '여드름 때문에 대인관계가 위축되었던 고객에게는 여드름을 얼른 개선시키고 사람들 앞에 당당히 나설 수 있도록 도와주자' 등의 새로운 목표가 생겼고 고객관리에 '코칭'이라는 개념을 도입했다.

고객에게 한 주간 어떻게 살아야 할지를 코칭했다. 다이어트를 하기 위해 어떤 생각과 어떤 마음으로 음식을 대해야 하는지 내가 직접 공부해서 고객에게 알려줬다. 목표를 이루기 위해 꼭 지켜야 할 약속도 포스트잇에 적어서 전달했다.

나의 진심과 정성이 고객에게 전달되었는지 고객관리에 코칭 개념을 도입한 것은 대성공을 거뒀다. 다이어트에 매번 실패해 좌절했던 고객은 내 코칭을 통해 10개월 동안 40킬로그램을 감량했다. 대인기피증 때문에 약을 먹던 고객도 코칭을 통해 점차 약을 끊고 사람들 앞에서 자신의 의견을 말할 수 있었고, 코칭 3개월이 지나자 사람들 앞에서 당당한 모습으로 나설 수 있게 되었다.

피부관리사는 고객의 삶에 영향력을 주는 사람

이때 나는 피부관리사가 고객 한 사람의 인생에 큰 영향을 끼칠 수 있다는 것을 확실하게 깨달았다. 피부관리사가 피부관리를 바라보는 관점만 바꾸면 고객에게 해줄 수 있는 것이 무궁무진하다는 사실을 세상 모든 피부관리사들에게 알려주고 싶었다. 피부관리사도 분명한 전문직이며 고객 한 명 한 명에게 큰 영향력을 끼칠 수 있다는 것을 알리고 싶었다.

이런 사실들을 직접 보고 느끼고 경험하고 나니 분명한 목표가 생겼다. '피부관리사가 피부관리를 바라보는 관점을 바꿔야겠다', '피부관리사를 전문직으로 자리매김해야겠다', '피부관리사를 고객에게 큰 영향력을 끼칠 수 있는 사람으로 만들어야겠다', '피부관리로 세상에 좋은 영향력을 끼치고 싶다'라는 사명감이 나를 교육자의 길로 이끌었다. 다시 한 번 강조하지만, 피부관리사가 피부관리를 바라보는 관점만 바꾼다면 고객에게 큰 영향력을 펼칠 수 있다. 마지막으로 고객에게 정당한 대우를 받기 위해서는 고객에게 '확실한 결과'를 보여줘야 한다.

• • •

인도에서 찾은
기교 없이 담백한 테크닉

인도를 배우다

나는 아로마에 관심이 많았다. 테크닉에 관해 공부할 때도 여러 방법들 중에서 아로마 테라피가 항상 눈에 들어왔다. 향으로 후각을 자극하는 테라피를 통해서 마음을 안정시키고 심리 상태의 균형을 맞춘다는 것이 흥미로웠다.

대학에 다닐 때 우연히 아로마 테라피 영상을 본 적이 있다. 그 영상에서는 아로마 테라피의 근원이 되는 인도의 아유르베다(Ayurveda) 피부관리를 설명했는데, 한 남자가 큰 그릇에 아로마를 블렌딩하고 머리부터 발 끝까지 베드에 누운 사람의 전신을 아로마로 도포하는 모습이 나왔다. 그 아로마 테라피 장면이 한동안 머릿속에서 떠나지 않았다. 테크닉을 할 때 항상 무언가 부족하다고 느꼈던 나는 그 영상을 보면서 처음으로 완전하다는 느낌을 받았고 인도에 가고 싶다는 생각을 했다. 언젠가 인도에 가서 아유르베다를 배워오겠다고 다짐했다.

슬럼프를 딛고 낯선 나라로

한동안 나는 깊은 슬럼프에 빠져 있었다. 근육 공부를 해도, 피부 관리 공부를 해도 채워지지 않는 기분이 들었고 열심히 해도 더 이상 발전하지 않는 것 같았다. 거대한 벽이 나를 가로막고 있는 것 같았다. 처음으로 노력만으로는 안 되겠다는 생각이 들었다. 새로운 자극이 필요했다. 그러던 어느 날 머릿속에서 갑자기 아유르베다가 떠올랐다. 다시 가슴에 열정이 일렁거리면서 가슴 속의 응어리가 뻥 뚫린 느낌이 들었다. 피부와 근육에 대한 지식에서 나아가 그 근원이 되는 정신을 배우고 싶었다. 지금 당장 인도에 가야겠다고 마음먹고 그 즉시 인도의 수도 뉴델리행 비행기 티켓을 끊었다.

며칠 뒤 나는 인도라는 낯선 나라에 도착해 인도의 수도 뉴델리의 땅을 밟고 있었다. 인도는 정말 신기한 나라였다. 길거리에 소와 원숭이가 지나다녔다. 자칫 잘못하면 원숭이에게 핸드폰을 뺏길 수도 있어서 조심해야 했고, 길거리에는 소똥이 잔뜩 있어서 땅을 잘 보고 걸어야 했다. 인도의 거리는 릭샤(rickshaw, 인도나 방글라데시 등지에서 주로 인력을 이용하는 교통수단)에서 빵빵거리는 소리로 소란스러웠고, 여행자의 거리 파하르간즈(Paharganj)는 수많은 상인들로 가득해서 호객 행위에 발을 한 걸음 내딛기가 어려울 지경이었다.

하루에도 수십 번 한국을 그리며

인도 사람들에 비해 상대적으로 피부가 흰 나는 가만히 서 있기만 해도 인도인들의 주목의 대상이 되었다. 모든 사람들의 시선은 나에게 향했고 대놓고 내 얼굴을 뚫어져라 보거나 숨소리가 느껴질 정도로 가까이 와서 나를 쳐다보는 사람들이 많았다. 심지어 내 얼굴을 대놓고 촬영하기도 했다. 밤에 숙소의 지붕 위에서 혼자 맥주를 마시다가 원숭이 떼에 습격당할 뻔한 적도 있었다.

처음에는 이런 인도의 일상에 굉장히 당황했고 두려움도 컸다. 낯선 환경에서 두려움이 심해질 때마다 '그냥 한국으로 돌아가버릴까' 하는 마음이 들었지만 그때마다 나는 인도에 온 목적을 생각했다. 나는 이뤄야 하는 일이 있기에 인도에 찾아왔다는 사실을 스스로에게 각인시켰다. '내가 인도에 왜 왔지?' '아, 아유르베다를 배우러 왔지. 그래, 이것만 생각하자'라며 밤마다 다짐을 했다. 한국에서 찾지 못한 테크닉의 정신과 지금보다 더더욱 완전한 테크닉을 인도에서 꼭 찾겠다는 다짐을 되뇌며, 인도의 허름한 숙소에서 잠을 청했다. 이런 과정이 반복되며 인도의 일상에 적응했다.

스티브 잡스의 영감을 리시케시에서

아유르베다 피부관리를 받으러 간 곳은 리시케시(Rishikesh)라는 도시였다. 갠지스강이 흐르는 리시케시는 인도 북부 우타란찰 주에 있는 힌두교의 성지로, 힌두교의 수행자들이 많이 찾는 도시다. 수도 뉴델리에서 장장 10시간 동안 기차를 타고, 거기서 또 차를 타고 들어가야 나오는 마을이다. 리시케시는 요가, 명상, 아유르베다의 성지로도 꼽힌다. 스티브 잡스가 애플을 설립하기 전에 리시케시에 머물며 많은 영감을 받은 것으로도 유명하다. 비틀즈 또한 리시케시에 머물며 곡 작업을 했다고 한다.

리시케시에 머물며 아유르베다, 요가, 명상을 배웠다. 바쁜 한국에서의 삶을 잠시 내려놓고 나 자신에게 집중할 수 있어서 좋았다. 내가 진정 원하는 것이 무엇인지, 무엇을 하며 살고 싶은지, 인생에서 중요한 가치는 무엇인지, 피부관리를 통해 나는 무엇을 이루고 싶은지, 나는 왜 이렇게 열심히 사는지를 생각했다. 또한 한국에서 지나쳤던 중요한 감정들을 확실하게 돌아보고 생각하는 계기도 되었다.

자신을 깨고 나오는 것이 성공의 지름길이다

인도에 와서 스스로를 들여다보니, 꽤나 구체적이고 정확하다고 생각했던 나 자신과 일에 대한 정의에 추상적인 부분이 많았다는 것을 알게 되었다. 의지와 열정은 누구보다 컸지만 구체적으로 이룰 힘이 부족했다. 한국에서 더 이상 발전이 어려웠던 이유도 외부의 문제가 아니었다. 나의 성향상 한계에 부딪혔다는 것을 분명하게 알게 되었다. 나의 장점이 단점으로 작용했고 나는 이 한계를 뛰어넘어야 했다. 단점을 숨기지 않고 수면 위로 드러내서 받아들이고 보완시켜야 더 큰 발전을 할 수 있었다.

그동안은 무조건 더 많은 발전을 꾀하려고 했다. 빠르게 성장한 만큼 기반이 부족했다는 것을 인지하고 내가 할 수 있는 것을 더욱 더 구체화시켜 발전시키는 방향이 맞다는 생각이 들었다. 나의 강점이 약점으로 작용하는 부분도 많았다. 성향적인 부분을 보완해야 진정한 성장이 시작된다는 것도 느껴졌다. 그와 동시에 성공한 사람들이 자기 자신을 깨고 나와야 진정한 성공을 할 수 있다고 하는 이유를 깨달았다. 이후부터 나 자신과 악착같은 싸움이 시작되었다. 그 싸움에는 받아들이기 힘든 나의 부족함 및 무력함을 있는 그대로 받아들이는 것, 할 수 없는 것을 할 수 없다고 정의 내리는 것, 내가 틀린 것을 틀렸다고 인정하는 것 그리고 나의 감정들에 매몰되지 않는 것이 필요했다. 마지막으로 포기하지 않고 목표를 향해 긍정적으로 달려가야겠다는 다짐을 되뇌고 또 되뇌었다.

한국에서 멀리 떠나 있으니 나 자신을 한층 더 객관적으로 볼 수 있었다. 인도는 있는 그대로 나를 바라보고 인정할 수 있게 도와준 곳이었다. 그리고 나 자신을 있는 그대로 바라볼 수 있게 도와준 인도라는 나라에 항상 감사하고 있다.

기교 없이 투박하지만 진정성 있는 손놀림

아유르베다를 처음 받았을 때 나는 잠시 멍해졌다. 손길이 투박하고 진했다. 아유르베다는 내가 막연하게 생각했던 이미지와는 많이 달랐다. 나는 아유르베다에 철학적이고 심오한 의미를 바랐을지 모른다. 하지만 직접 체험한 아유르베다는 내가 생각한 고상하고 철학적인 느낌과는 거리가 있었다.

아유르베다를 하는 관리사의 손길에는 절박함이 드러났다. 인도에는 하루를 벌어 하루를 먹고 사는 사람들이 많았다. 카스트제도가 없어졌지만 그들 문화에서는 제도만 없어졌을 뿐 현실에서 큰 차이가 없었다. 일이 생계에 직접적인 영향을 미쳤다. 오늘 아유르베다를 한 후에 팁을 받지 못하면 집에 있는 아이들이 굶는 경우가 많아서 그들의 손에는 절박함이 묻어 있었다. 손 끝으로 전해지는 그 절박함은 아유르베다의 테크닉을 한층 더 깊게 만들었다.

한국의 테크닉과는 차원이 달랐다. 개념 자체가 달랐다. 아유르베다는 기술적인 개념이 아닐지도 모른다. 근육학도 피부학도 배우지 않았지만 그들은 살기 위해 테크닉을 했다. 누가 그들에게 근육학을, 해부학을, 아유르베다를 체계적으로 알려주었겠는가. 그래서 아유르베다를 하는 관리사마다 테크닉이 모두 달랐다. 아유르베다를 받을수록 사람마다 특징이 확실하게 구분되었다. 하지만 이들에게 단 한 가지 공통점이 있다면 한국에서는 느껴보지 못한, 아니 어느 나라에서도 느끼지 못한 기교 없는 투박함이라는 것이다. 이 기교 없는 투박한 손놀림에는 진정성이 있었다. 그들은 본능적으로 진심을 담아, 온 힘을 다해 테크닉을 했다. 필사적으로 나의 몸에 집중하고 근육을 느껴 그 근육들을 집요하게 풀었다. 어떻게든 먹고 살아야 하기 때문에, 확실한 결과가 증명되어야 고객에게 돈을 더 많이 받을 수 있었을 것이다.

나의 문제가 무엇인지 정확히는 모르지만 그들은 머리가 아닌 몸으로 나에게 집중했다. 필사적으로 근육을 느끼고 풀어 나의 문제점을 해결했다. 그래서 나는 지갑을 열 수밖에 없었다. 아유르베다는 거창하지도 않고 철학적이지도 않다. 필사적이고 집요하다. 투박하고 진하다. 기교 없이 담백하다. 이것이 내가 인도에서 느낀 아유르베다다.

가치는 필요성에 의해 결정된다

인도인들은 아유르베다를 치료 목적으로 받는다. 인도에 지내며 리시케시에 서양인들이 많아서 조금 의아했는데, 서양인들은 주기적으로 아유르베다를 받으러 1년에 2주 정도 시간을 내서 인도에 온다는 이야기를 들었다. 꽤 많은 사람들이 휴식과 치료를 목적으로 1년에 2주간 휴가를 내서 인도에 와서 테크닉을 받는다는 소리를 듣는 순간 나는 머리를 망치로 세게 얻어맞는 느낌이 들었다. '아, 사람들은 정말 필요성을 느끼면 거리가 어떻든 비용이 어떻든 무조건 하게 되는구나', '피부관리는 고객에게 사치나 미용 목적의 개념이 아니라 필수불가결한 관리가 되어야 하는구나'. 한 번 더 피부관리에 대한 관점이 깨졌다.

한국과 인도의 테크닉 차이는 '목적성'이었다. 한국의 테크닉은 타인에게 보여지는 것에 집중한다. 화려해야 하고 고객에게 잘 보여야 하는 관점에 중점이 맞춰져 있다. 내가 경험한 바로는 인도 테크닉의 중점은 고객의 문제를 어떻게든 해결해야 한다는 마음가짐에 있었다. 따라서 상대적으로 눈에 보이는 것은 투박하고 모나다.

사람들은 아유르베다를 받기 위해 비행기를 타고 10시간을 비행하여 온다. 시간이 날 때 오는 것이 아니라 시간을 만들어서 오는 것이다. 아유르베다가 자신에게 꼭 필요하기 때문이다. 보이는 것에 집중하면 피부관리는 고객에게 '선택(옵션)'의 개념으로 자리잡는다는 것을 아유르베다의 투박한 손놀림을 통해 분명하게 깨달았다. 고객에게 피부관리의 명확한 필요성을 알려야 했다. 나는 이런 아유르베다의 정신을 한국으로 가져와야겠다는 생각이 들었다.

쇼맨십만 가득한 한국 테크닉

아유르베다를 받고 난 후 테크닉에 대해 고찰하게 되었다. 어떻게 해야 한국에 아유르베다의 정신을 가져올 수 있을까. 먼저 진정성 없는 쇼맨십부터 버려야 했다. 그저 현란함에만 힘쓰는 기교를 버려야 진정성 있는 테크닉을 할 수 있다는 것을 알았다.

한국의 피부관리는 아유르베다와는 정반대의 시스템이다. 테크닉을 하는 고객의 몸에 집중하기보다 피부관리를 받는 사람의 비위를 맞추는 것에 집중한다. 피부관리는 서비스직이기 때문에 고객에게 감정노동을 하는 것을 당연하게 받아들인다. 하지만 여기서 알아야 할 사실은 피부관리사는 명백히 전문직이라는 것이다. 쇼맨십을 버리고 고객의 몸에 집중하며 문제를 해결해야 테크닉의 가치가 있다는 것을 아유르베다를 통해 확실하게 깨달았다.

각오가 확신으로 바뀌었을 때 한국행 티켓을 끊었다

인도에서 머문 한 달 남짓한 시간 동안 테크닉에 대한 고찰, 피부관리사의 가치, 진정성에 대한 개념, 피부관리사가 감정노동에서 벗어나지 못하는 이유, 한국 피부 시장의 시스템과 발전 방향 등에 대해 고찰하는 시간을 가졌다.

하루하루 겪은 일들을 대한민국 피부업계의 문제에 대입해보았다. 해결 방법을 찾으면 그것을 A4용지에 적어서 정리했다. 이런 문제점들을 해결하기 위해서는 교육 시스템이 잘 갖춰져야 했다. A4용지를 채우면 채울수록 강한 결심이 섰다. 내가 대한민국 피부업계를 바꾸겠다는, 나만이 이 문제를 해결할 수 있다는 확신이 들었다. 피부관리사의 진정한 가치를 모두에게 알리고 싶었다. 이런 각오가 확신으로 바뀌었을 때, 한국행 비행기 티켓을 끊었다.

• • •

프로가 되고 인생을 걸었다

이론과 현장은 다르다

인도에서 다진 각오를 하나씩 실현시키기 위해서는 나 자신부터 준비되어 있어야 했다. 인도에서의 경험을 통해 몸과 마음이 연결되어 있다는 것을 느꼈다. 피부관리를 잘하기 위해 해부학이나 근육학만 이론적으로 공부한다면 현장에 접목할 때 한계가 있었다.

이론과 현장은 달랐다. 아유르베다를 받으면서 정신과 신체가 이완될 때 편안해진다는 사실을 분명하게 느꼈다. 기존 테크닉은 더욱 효과를 보기 위해서 너무 빠르고 강하게 진행되어서 오히려 고객을 이완시키기보다는 경직시켰다. 아유르베다에서는 고객의 몸에 맞춰 테크닉을 진행한 반면, 한국의 기존 테크닉은 피부관리사의 속도에 고객을 맞췄다. 이런 기본적인 것부터 개선해야 했다. 그러기 위해서는 몸에 대한 직접적인 이해가 필요했고, 심도 깊은 테크닉을 개발하기 위해 요가를 배우기 시작했다. 고객을 더욱더 편안한 상태로 이완시키는 법과 효과적인 코칭을 배우기 위해 심리학 공부도 병행했다. 신기하게도 요가와 심리학을 병행한 한 달 뒤부터 피부관리에 대한 고객의 반응이 극적으로 달라졌다.

요가는 몸을 이해하는 방식

의학적 지식만으로 테크닉을 하는 것에서 느낀 한계를 극복하기 위해서, 머리로만 아는 것이 아니라 몸을 스스로 느끼는 과정이 필요하다는 것을 깨달았다. 우선 자신의 몸을 잘 아는 것이 선행되어야 했다. 타인의 몸을 변화시키려는 사람이 자신의 몸을 모른다는 것이 말이 되는가. 내가 나의 몸을 알아야 타인의 몸도 알 수 있다. 여러 가지 방법을 통해 나의 몸이 어떻게 움직이는지 살피며 몸을 움직이는 원리에 대한 이해도를 높였다.

좀 더 자세히 신체 움직임의 원리를 배우려면 어떤 방법이 있을지 곰곰이 생각해보니 인도에서 했던 요가 수련이 떠올랐다. 요가를 하며 명상을 했을 때 머리로만 알았던 근육들이 확실하게 느껴졌고, 평소와 다른 자세를 취했을 때 습관적으로 사용하지 않아 퇴화된 근육에 자극이 왔던 것이 생각났다. 이 느낌을 더 분명하게 알아보자는 생각이 들었다. 나는 본격적으로 요가와 나의 몸에 대한 공부에 파고들었다.

한국에서 가장 저명한 강사에게 찾아가 요가강사 자격증 과정에 등록했다. 몸에 관한 지식에 한해서는 모두 통달했다고 생각했던 나에게 요가는 색다른 자극이었다.

테크닉에서 놓친 근육을 요가로 잡다

요가를 배우니 피부관리사의 관점 및 의학적 관점과는 또 다른 새로운 세계가 펼쳐졌다. 피부관리를 공부해도 항상 부족하다고 느꼈던 부분을 내가 직접 몸에 대한 경험을 하며 채우게 되었다. '몸에 관한 자극을 직접 느끼고 피부관리와 연결시키는 것'이 아무리 공부해도 채우지 못하는 부분이었다. 요가를 통해 호흡과 테크닉의 연결성을 찾고 근육을 깊이 이완시키는 법을 배웠다.

올바른 자세로 요가를 하기 위해선 신체 균형에 대한 이해가 필수적이었다. 근육을 어디까지 이완하고 또 긴장시켜야 하는지, 이런 일련의 과정이 몸에 어떤 영향을 주는지 직접 경험하며 느낀 것을 소스 테라피에 그대로 녹였다.

요가는 테크닉에서 놓치기 쉬운 미세하고 세심한 근육들을 확실하게 파악하게 하는 좋은 도구가 되었다. 근육을 정확하게 짚어내지 못한다면, 모든 사람에게 천편일률적인 관리를 할 수밖에 없다. 하지만 몸에 대한 직접적인 이해와 경험이 동반된다면 관리를 받는 사람이 편안함을 느끼는 것은 물론이거니와 관리를 하는 사람도 적은 힘으로 올바른 자세를 취할 수 있다. 나는 요가를 통해 비로소 소스 테라피가 완성되는 것을 느꼈다.

피부관리, 심리학을 만나다

고객관리에 코칭을 도입하고 난 후 나로 인해 고객의 삶에 큰 영향을 끼칠 수 있다는 사실을 깨달았다. 대인기피증을 심하게 앓던 고객에게 싸워 이길 수 있는 용기를 북돋아준 것, 수없는 다이어트 실패로 자존감이 바닥을 쳤던 고객을 10개월 만에 40킬로그램을 감량하도록 도와준 것 등 고객에게 해줄 수 있는 일이 많았다. 책에 나온 피부관리사의 역할과 능력보다 실제로 피부관리사가 할 수 있는 일이 훨씬 많았던 것이다.

피부관리사 한 명이 고객의 인생을 바꿔놓을 수 있다는 사실을 고객을 코칭하며 명확하게 알았다. 한 사람의 인생을 바꾼다는 것의 무게를 알기에 진중해질 수밖에 없었다. 과학적으로, 객관적으로, 전문적으로 고객을 이끌기 위해 심리학 공부를 시작했다. 그리하여 낮에는 교육을 하고 밤에는 심리학 공부를 하고 주말에는 요가를 배우는 삶이 시작되었다. 각고의 노력 끝에 심리학 학사학위를 취득할 수 있었다.

심리학은 고객의 이야기를 들어주고 소통하며 문제를 해결하기 쉽게 만들어주는 최고의 도구였다. 심리학적 근거를 예시로 들자 고객의 몰입도가 달라졌고, 코칭의 질이 훨씬 더 높아졌다. 신규 고객에게도 어떤 방법으로 피부관리가 진행되는지 분명하게 설명하며 주도적으로 고객을 관리할 수 있게 되었다.

심리학은 테크닉에도 직접적인 영향을 끼쳤다. 심리학의 근육이완법을 피부관리에 접목시키자, 정말 신기하게도 고객의 몸과 정신이 이완되고 원하는 근육을 명확하게 잡아낼 수 있었고 피부관리의 효과가 배가되었다.

쉬운 길이 아닌 어려운 길을 걷다

모두가 나에게 왜 굳이 그 위험한 인도를 가느냐고 물었다. 쉬기도 바쁜데 왜 요가와 심리학을 배우냐고 물었다. 모두들 나를 괴짜라고 이야기했지만 나는 배움에서는 절대 타협하고 싶지 않았다. 누군가의 경험을 그대로 흡수하고 싶지 않았다.

주변에서 항상 이런 질문을 한다. "안 힘드세요?", "지금까지 어떻게 이런 수많은 도전을 할 수 있었어요?", "대표님은 안 지치세요?" 내용은 같지만 다른 질문을 교육생들에게, 가까운 지인들에게, 하다못해 가족들한테까지도 많이 받곤 한다.

곰곰이 생각해보니 나의 목표는 단 한 가지였다. '피부관리사를 전문직으로 만드는 것'이다. 처음에는 피부관리를 하며 고객들에게 상처를 많이 받아 근무 환경을 개선해야겠다는 마음에서 시작했지만, 지금은 다르다. 피부관리사라는 직업을 지금의 피부관리사에 쓰기에는 너무 아깝다.

젊었을 때는 젊음의 가치를 모르는 것처럼 지금 피부관리사는 자신들의 가치를 분명하게 알지 못한다. 피부관리사가 얼마나 가치 있는 직업인지 피부관리사들에게 알려줄 것이다. 그래서 피부관리사도 좋은 대우를 받고 피부관리사만의 가치를 있는 그대로 승화시켜 전문직으로 만들 것이다. 고객 한 명에게 얼마나 큰 영향력을 끼칠 수 있는 사람인지 교육을 통해 알려줄 것이다. 마지막으로 체계적이지 못한 교육 환경을 분명하게 바로잡을 것이다.

'파는' 교육이 아닌 제대로 된 교육을 하고 싶다

내가 피부관리를 배우기 위해 이곳저곳을 다녀보았을 때는 진정성을 가지고 깊이 있게 알려주는 곳이 없었다. 교육을 들을 때마다 나를 가르치는 선생님이 제대로 알고 가르치는 것인지 의문이 들 때도 많았다. 참다못해 궁금한 점을 질문하면 제대로 된 답변을 듣지 못했다. 따로 나를 불러 질문을 그만해달라고 얘기하는 강사도 있었다.

학교에서 배운 교육은 현장에서 실질적으로 쓰이지 못한다. 그 결과 현장에 와서 다시 배워야 한다. 하지만 문제는 현장에서도 해결되지 않는다. 현장 교육은 제품과 연결되어 상업성이 짙게 드리워져 있다. 제품회사의 상업적인 교육에서는 원장들이 역량을 키우고 발전하는 것에 관심이 없다. 오직 자신들의 '수익 창출'이 목표다. 그것이 항상 새로운 테크닉이 난무하고 교육마다 말도 다 다른 이유다. 모두 한철 장사하듯, 피부관리사에게 교육을 판다. 이런 교육들만 배운 피부관리사들은 길들여졌다는 사실도 모른 채, 전문성의 결핍을 메우기 위해 매번 새로운 테크닉을 배우고 새로운 제품을 들이는 것으로 채운다. 이런 과정이 반복될수록 피부관리사는 일과 직업에 대한 확신을 잃게 된다.

유행처럼 도는 불필요한 상업성 교육과 제품에 더 이상 의존해서는 안 된다. 실제로 피부관리사가 할 수 있는 부분을 명확하게 나누고 영역을 확장해야 한다. 고객에게 그저 아는 '척'하는 잘못된 습관은 교육 결핍으로 인해 더욱 강화된다. 피부관리에 대한 개념을 다시 배우고 고객 경험을 쌓으며 차곡차곡 자신의 역량을 키우도록 교육을 통해 이끌어줄 것이다.

제대로 된 피부관리 교육에 대한 결핍과 피부관리사도 전문직으로 만들어야겠다는 집념이 나를 교육자의 길로 이끌었다. 모든 것을 내려놓고 교육자의 길을 걷기로 마음먹는 것은 결코 쉬운 선택이 아니었다. 하지만 나는 피부관리사에 대한 인식을 비롯해 잘못된 문화와 교육 환경을 개선시키는 것이 나의 인생을 걸어볼 만한 일이라고 확신했다.

피부관리사에서 피부관리 교육자로

가르치기 위한 공부

교육은 결코 쉽지 않았다. 내가 아는 것과 교육생에게 내가 아는 것을 알려주는 것은 완전히 다른 개념이었다. 똑똑한 교수가 명강사가 되는 것이 아니듯, 내 지식을 누군가에게 가르치는 것은 완전히 다른 영역이었다. 그저 지식을 전달하기만 하면 교육생에게 별다른 변화가 일어나지 않았다.

"요즘 고객에게 많이 변했다는 얘기를 들어요", "고객관리가 되기 시작했어요", "테크닉이 이렇게까지 효과가 있는 게 신기해요" 등 매 교육마다 반응은 굉장히 좋았지만 나는 무언가 석연치 않음을 느꼈다. 현장 교육에 문제점을 느껴 새롭게 만들어낸 교육 방식으로 그

본질은 분명하게 변했지만 결과가 크게 다르지 않다는 느낌이 들었다. 교육생들이 겉만 알아가는 느낌이었다.

교육생들이 단순히 나를 흉내 내고 있는 것 같다는 생각이 들었다. 매뉴얼을 타파하는 정신을 배운 게 아니라, 내가 만든 또 하나의 매뉴얼에 교육생들을 가두고 있다는 생각이 들었다. 한 틀에서 벗어나 다른 틀로 옮겨오는 것을 원한 게 아니었다. 진정으로 이해하고, 자신에게 접목시키고, 피부관리사의 가치를 나를 통해서가 아닌 교육생 스스로의 경험을 통해 직접적으로 느끼도록 하고 싶었다.

깨달음 없이 가져가는 것에는 힘이 없다. 직접 경험하고 보고 느낀 것으로 스스로에 대한 확신이 생기고 고객에게 말할 힘이 생긴다. 고객을 이끌 능력은 자신에 대한 확신에서 나온다. 그런 의미에서 나는 잘못 가르치고 있었다. 사회적으로 봤을 때는 정말 좋은 교육이었다. 하지만 나의 교육 방식은 잘못되었다는 것을 분명히 알 수 있었다.

피부를 배우고 알아갔던 때처럼 교육을 성공시키기 위해서 다시 발로 뛰어야 했다. 또다시 공부를 시작했다. 이번 분야는 교육학이었다. 잠시 회의감이 들기도 했다. 언제까지 배워야 하는가. 언제까지 나의 개인 삶이 없는 채로 지속해야 하는가. 힘이 부쳤지만 나의 교육생들을 생각하니 포기할 수 없었다. 아니, 타협할 수 없었다. 이 공부가 마지막이었으면 하는 마음으로 나는 다시 교육학을 공부하기 시작했다.

피부관리도 체계적인 교육 시스템이 필요하다

교육을 하는 목표를 정했다. 나의 교육을 받고 난 후 교육생들의 상담, 테크닉, 매출, 고객관리, 일에 대한 가치관 및 마음가짐을 누가 봐도 눈에 보이게 변화시키고자 했다. 그중 가장 중요한 것은 교육생 스스로 변화하고 직접적으로 자신의 변화에 확신하고 말할 수 있는 능력이다. 이 능력은 단순히 흉내 낼 수 있는 것이 아니다. 본인이 변하지 않는다면 절대 할 수 없는 것이다. 그러기 위해서는 나의 지식을 온전하게 전수하는 법을 배워야 했다. 교육 관련 서적을 하나둘 사들였다. 교육학은 심리학과 연결된 학문이라 비교적 수월했다.

현장에 대한 이해도가 높고 능력적으로 증명된 피부관리사는 분명 많았을 것이다. 하지만 피부업계가 발전하지 못하는 것은 교육 체계의 문제였다. 현장과 동떨어진 교육과 매뉴얼만 주입시키는 교육, 상업성에 치중된 교육, 원리에 대해 정확하게 가르치지 않는 교육이 문제였다. 피부관리사를 양성하고 그들에게 길을 터주기 위해선 결국 교육 시스템이 잘 갖춰져야 했다.

교육 시스템을 잘 갖추지 않으면 지금 이 문화는 개선되지 못한다. 교육이라는 학문을 배우고 현장과 접목시키기 위해서는 나에게 달려나갈 원동력이 필요했다. '나는 왜 피부관리사를 위한 교육을 시작했는가?' 교육을 선택한 이유와 내가 이루고자 하는 바를 A4용지에 적어 내려갔다.

'피부관리사의 가치를 분명하게 인식시키는 것', '단순히 피부관리를 감정노동으로 소비하지 않는 것', '고객을 명확하게 이끌어줄 수 있는 힘', '머리로 아는 것이 아닌 직접 할 수 있는 힘', '고객과 진정성 있게 교류하며 관계를 맺을 수 있는 힘', '고객을 이끌고 고객에게 영향력을 펼칠 수 있는 힘' 등 하고 싶은 것이 많았다. 이렇게 내가 원하는 바를 적어놓으니 교육을 통해 이루고자 하는 목표가 분명했다. 석연치 않았던 생각이 분명해졌다. 체계적인 교육 시스템을 구축할 준비가 되었다. 다시 가슴이 뛰기 시작했다.

확신은 경험에서 나온다

한국인은 주입식 교육에 익숙하다. 태어날 때부터 우리는 무언가 배울 때 누군가가 원리에 대해 구체적으로 설명해주기보다는 'A는 원래 A야'라고 배운다. A가 왜 A인지 자세히 알려주지 않는다. 이런 문화가 반복되어 심지어 교육을 하는 사람도 A가 왜 A인지 궁금해하지 않고 구체적으로 알지 못하는 경우가 많다. 일단 주입식 교육에서 벗어나야 교육을 성공시킬 수 있었다. 주입식에서 벗어나기 위해서는 교육을 받을 때 교육생이 느끼는 직접적인 생각이 가장 중요하다.

생각을 키워나가야 교육을 받으며 느끼는 것이 생긴다. 스스로 느끼지 않고 그대로 흡수한 교육은 의미가 없다. 교육생이 자신의 생각을 지속적으로 키워나가기 위해서는 가르치는 사람이 단독적으로 교육을 끌고 나가는 것은 의미가 없다. 나는 교육생과 소통을

| 교육 순서 |

(A를 배우기 전) A에 대해서 어떻게 생각하세요?

⬇

(A를 가르친 후) A에 대해서 무엇을 느꼈나요?

⬇

일상생활에서 쉽게 접할 수 있는 예시 알려주기

⬇

A에 관해 확실하게 이해시키기

⬇

A를 직접 설명하도록 하기

하며 교육을 진행했다.

교육생에게 A를 배우기 전에 A에 대해 어떻게 생각하는지 물어봤다. A를 알려주고 난 뒤에는 교육생이 무엇을 느꼈는지 물어본다. 그리고 교육생에게 일상생활에서 쉽게 접할 수 있는 예시를 들며 A에 관해 확실히 이해시킨다. 마지막으로 A에 관해 설명하라고 말한다.

이때 대부분의 교육생들은 당황한다. 틀린 답을 이야기할까 봐 걱정하고, 완벽하게 말해야 한다는 압박감과 이런 상황이 익숙하지 않아서 당혹스러워한다. 나는 충분히 기다려준다. 스스로 보고 느낀 것을 말로써 상대방에게 전달할 수 있도록 교육생을 훈련시킨다. 이런 과정이 반복되다 보면 교육생은 자연스럽게 A에 관해 분명히 알고 설명할 수 있게 된다. 틀려도 괜찮다는 것과, 완벽하게 구사하는 것이 교육의 목표가 아니라는 것을 분명하게 인지시킨다.

나의 교육을 받은 교육생은 이 교육을 통해 실패를 쌓아가고 실패라는 경험을 바탕으로 고객관계에서 성공한다.

교육학을 배우고 현장 교육에 접목시키며 경험이 전부임을 깨달았다. 교육생들은 나에게 어떻게 그런 확신을 얻게 되었는지, 얼마나 해야 얻을 수 있는지 묻는다. 나 또한 피부관리에 확신이 있는 이유도 간단했다. 직접 부딪히며 경험하며 알아갔기 때문이다. 직접 몸으로 부딪히고 깨지고 수만 번의 실패를 통해 얻은 확신이다. 확신은 결국 경험에서 나온다.

스킬과 방법 말고 관점 바꾸기

교육을 받을 때는 분명히 알 것 같은데 현장에 가면 실제적으로 상담이든 근육학이든 말이 나오지 않는다. 머릿속이 백지장이 되는 상황에 처하는 것이다. 아마 모두가 겪어본 문제일 것이다. 왜 그럴까? 바로 방법과 스킬만 배웠기 때문이다. 머리로만 안 것은 현장에 가서 절대 고객에게 구현하지 못한다.

자신이 전달하는 것을 명확히 이해하고 있고 직접 말로 내뱉을 수 있다면 고객 앞에서 자신 있게 말할 수 있다. 하지만 대부분 교육에서는 원리에 대해 설명하지 않고 교육생은 질문 없이 달달 외워 앵무새처럼 따라 한다. 고객과 상담에서도 시나리오가 중요하고 매뉴얼이 중요하다. 테크닉을 할 때도 원리와 몸에 대한 이해보다는 순서에 의존한다. 이런 교육 시스템은 매번 교육을 받아도 피부관리사들이 항상 불안하고 결핍을 느끼는 가장 큰 이유이기도 하다. 단순히 대충 안 것은 불안함을 야기한다. 대충 알아서는 안 된다. 집요하게 파고들고 끝까지 알아야 고객에게 구체적으로 설명할 수 있다. 안 것을 토대로 경험하고 실패한 것을 보완하고 데이터를 쌓아나가야 고객에게 영향력 있는 피부관리사로 자리매김할 수 있다.

나에게 교육을 받으러 오는 교육생들은 모두 방법과 스킬에 목맨다. 주입식에 익숙해져 있어서 방법과 스킬에 지속적으로 목을 매는 것이다. 자신들도 그 방법이 올곧은 방법이 아니란 것을 알지만 대안이 없기 때문에 버리지 못한다.

타협은 곧 실패다

스킬과 방법을 아는 것은 의미가 없다. 다이어트에 성공하는 방법은 누구나 잘 알고 있지 않는가. 운동을 하고 탄수화물을 적게 먹으면 다이어트에 성공한다. 하지만 많은 사람들이 다이어트에 실패한다. 즉 방법을 아는 것은 중요하지 않다는 것이다.

그럼 스킬이 중요한가? 다이어트에도 많은 스킬이 있다. 다이어트 약을 먹는다든지, 해독주스만 마신다든지 등 여러 방법이 많다. 하지만 스킬을 쓸 경우 요요현상으로 더더욱 심하게 살이 찌는 경우가 많다. 즉 방법과 스킬은 의미가 없다. 관점을 바꿔야 한다.

음식을 바라보는 관점을 바꾸고 먹고 싶은 음식이 눈앞에 있어도 식욕을 자제해야 한다. 눈에 보이는 음식을 먹는다면 다이어트가 실패한다고 분명하게 알아야 한다. 타협하면 실패로 돌아간다는 것을 명확하게 인식하는 것이다. 이처럼 교육에서도 방법과 스킬을 자신에게 강요하는 것이 아니라 교육을 받고 난 후에 테크닉을 바라보는 관점, 고객을 바라보는 관점, 상담을 바라보는 관점을 바꾸는 것이 성공으로 가는 가장 빠른 지름길이다.

돌아가더라도 필요한 것은 모두 가르쳤다

교육을 성공시키겠다는 의지 하나로 몇 년간은 거의 미쳐 살았다. 나의 삶을 포기하고 교육생의 삶에 뛰어들었다. 한 사람 한 사람을 성공시키겠다는 일념하에서 나를 만난 피부관리사들을 하나둘 성공시켰다. 그동안 나의 인생은 잠시 미뤄뒀다. 그래서 이룰 수 있었던 것 아닌가 싶다. 이런 정신이 아니면 절대 이 문화를 바꾸지 못한다는 생각이 확고했다. 나의 시간과 정성을 아낌없이 투자했다. 지금 생각해보면 그 이상의 가치가 있었다. 나의 교육을 받고 난 교육생들은 정말 말도 안 되는 짧은 시간 동안 테크닉을 이해했고 이해를 바탕으로 결과를 만들어냈다.

상담의 원리도 가르쳤다. 발음 교정과 발성부터 시작한 교육생도 있었다. 완벽한 교육을 해내기 위해 약간 돌아가더라도 필요한 것은 모두 가르쳤다. 자신을 멋지게 내비칠 수 있도록 스스로를 인정하는 방법을 알려줬다. 그 결과 나에게 배운 교육생들은 자신을 믿고, 기다리고, 목표를 달성시킬 수 있는 힘이 생겼다.

고객관계에 대한 개념부터 다시 가르쳤고, 테크닉의 경우 체중을 싣는 법부터 다시 가르쳤다. 기초가 가장 중요하다. 교육생들에게 부족한 것은 기반이다. 기반을 탄탄하게 잡는 것에 힘썼다. 그 결과 경력이 없는 상태에서 교육을 수강한 한 교육생은 창업 3개월 만에 순수익 1,000만 원을 달성했다. 월급 110만 원 받는 피부관리실 직원에서 100만 원을 티케팅하는 원장님으로 거듭났다. 월 매출이 120만 원이었던 한 교육생에게는 매출을 960만 원까지 달성할 수 있는 힘이 생겼다. 나로 인해 교육생 한 사람 한 사람의 인생이 바뀔 때마다 가슴이 벅차올랐다. 그 순간 깨달았다. '이것을 위해 내가 열심히 달려왔구나.'

피부관리사가 꿈의 직업이 되는 그날까지

"대표님을 만나고 제 인생이 바뀌었어요." 교육생 수료식 때 가장 많이 듣는 말이다. 나에게 배운 제자들은 이렇게 말한다. "이제 고객의 삶에 제가 많은 영향을 끼치고 있어요", "대표님께 이런 말씀을 드리기 부끄럽지만 자랑하고 싶어서요. 이제 고객들이 저를 보는 눈이 반짝반짝 빛납니다. 항상 감사하다고 말합니다. 이제 정말 고객에게 존경을 받는 기분이에요"라고. 나의 제자들은 피부관리를 받는 고객에게 나와 같은 영향력을 펼친다.

고객들도 원장들에게 말한다. "관리받고 제가 정말 많이 변해가는 걸 느껴요. 외적으로든 내적으로든", "원장님을 만나고 제가 아이를 교육하는 방법이 달라졌어요". 피부관리를 받는 고객은 원장들에게 좋은 영향력을 받아 가정과 직장에서 좋은 영향력을 펼친다.

나는 이렇게 꿈을 이뤄가고 있다. 나의 소명은 피부관리사라는 직업이 많은 사람에게 영향을 끼치는 직업으로 자리매김하는 것 그리고 그에 따른 사회적 지위와 금전적인 대가가 뒤따랐으면 하는 것이다. 이것이 내가 이루고자 하는 목표이며 내가 꼭 이뤄야 하는 나의 소명이자 메스떼가 존재하는 이유다.

2장

격변하는 시장에서는 이렇게 살아남아라

99퍼센트는 모르고 1퍼센트만 아는 현실

가치는 없고 노동만 남았다

점점 피부관리실이 설 곳이 없어지고 있다. 경쟁 우위로서의 지위를 잃으면서 피부관리실끼리도 생존을 위해 저가 경쟁을 펼친다. 그럴수록 단가는 계속 떨어지기 마련이다. 1회에 9,900원 관리부터 전신 23,000원 관리까지 생기고 있다. 피부관리실에서 가치의 개념이 사라지고 단순노동의 개념만 남고 있다. 피부관리실은 어떻게 해야 살아남을 수 있을까? 피부관리실은 왜 가격 경쟁만 하는 것일까? 피부관리실을 위협하는 직종은 무엇이 있을까?

피부과, 피부관리실을 위협하다

서울 강남역에 가보면 웅장한 건물에 내부가 엄청 화려한 피부과가 많다. 이런 피부과에서 아쿠아필 시술(블랙헤드, 피지, 각질 등 모공 속의 노폐물을 녹인 다음 끌어올려 제거하는 시술) 비용이 9,900원이다. 피부관리실에서는 평균적으로 3만~5만 원의 비용인 그 아쿠아필이 말이다. 고객이 입장이 되어서 생각해보자. 화려한 인테리어의 피부과와 동네 피부관리실 중 어디를 선택할 것인가?

피부과가 10년 전과 달라졌다. 이전에 피부과는 사마귀와 같은 피부질환을 치료하는 곳이었다. 나이가 지긋한 의사 선생님이 피부를 진료했고, 미용의 목적보다 치료의 목적이 컸다. 하지만 이제 이런 피부과는 동네가 아니면 쉽게 찾아보기 힘들다. 피부과는 미용 목적의 토탈 클리닉이 되었다. 피부과의 '공장화'가 시작되었다. 피부과에서는 대학에서 갓 졸업해 의사자격증만 있는 신입 의사들을 저렴한 가격에 고용하여 기기를 돌린다. 효율을 높이기 위해 병원 코디네이터를 채용해 상담을 맡긴다. 더 많은 돈을 벌기 위해선 회전율을 높여야 하고 고객을 많이 받아야 한다. 너도나도 이런 시스템을 채택하게 된 이후로는 피부과끼리 앞다투어 가격을 내리는 가격 전쟁이 벌어졌다. 피부과에서 아쿠아필 시술을 9,900원에 받을 수 있는 시대가 온 것이다.

그럼 고객은 아쿠아필 시술을 피부과에서 받을까, 피부관리실에서 받을까? 가격이 비슷하더라도 피부과를 선택할 확률이 높다. 좋은 건물, 호화로운 인테리어, 인스타그램용 사진을 많이 찍을 수 있는 병원 로비, 체계적인 서비스, 깔끔한 복장의 코디네이터, 의사의 손길 등 객관적으로 보아도 피부관리실보다 피부과를 선택할 이유가 더 많다. 그럼, 피부과의 위협에서 살아남기 위해 피부과보다 가격을 더 낮춰야 할까? 가격을 낮춘다 해도 과연 고객이 피부관리실을 선택할까?

똑똑한 뷰티 에디터의 등장

유튜브에 피부관리만 검색해도 피부관리에 대해 굉장히 구체적으로 설명하는 뷰티 에디터들이 늘어나고 있다. 아니, 정확히 말하면 포화 상태다. 피부에 따른 조언과 관리 방법, 피부관리실에서 쓰는 기기 사용법, 충분히 집에서 관리할 수 있다는 점에 대해 구체적으로 이야기하고 소비자들에게 현실적인 조언을 한다. 그리고 굳이 피부관리실을 가지 않아도 자신들이 파는 제품을 쓰면 오히려 더 좋은 효과가 나타날 수 있다고 말한다.

뷰티 에디터들의 목적은 두 가지다. 높은 조회수를 올리는 것과 자신이 광고한 상품을 파는 것이다. 그렇기 때문에 뷰티 에디터는 여성이 궁금해하는 피부 관련 정보에 대해 공부하고 조사해서 영상 콘텐츠를 만든다. 그들은 한 번에 많은 시청자들을 상대하고 1인 방송을 주체적으로 끌고 나가야 하기 때문에 굉장히 많은 준비를 한다. 그럼 이런 뷰티 에디터와 아무 훈련을 하지 않은 피부관리사를 비교했을 때 누가 더 피부에 관해 말을 잘할까?

인정하고 싶지 않지만 뷰티 유튜버들이 피부에 더 박식하고 말도 더 잘한다. 거기다 그들은 자신들을 잘 포장하고 사람들의 흥미도 쉽게 불러일으킨다. 피부관리실에 오는 고객은 미용에 관심이 많은 사람들로 뷰티 채널도 많이 본다. 뷰티 채널이 늘어갈수록 고객들의 피부에 대한 지식 수준도 높아졌다. 웬만한 원장들보다 똑똑한 고객들이 날이 갈수록 늘고 있다. 화장품 성분 및 트러블 피부에 관한 지식, 고객이 피부에 대해 아는 것이 많아질수록 대비가 안 된 피부관리사들은 곤란한 상황에 처한다.

없는 게 없는 홈쇼핑의 반격

홈쇼핑은 날이 갈수록 진화하는 판매 기술로 소비자의 구매 욕구를 자극하고 있다. 홈쇼핑에서는 홈케어를 강조하는데, 팩과 앰플 같은 홈케어 제품도 굉장히 세련되게 포장되어 판매된다. 피부관리실에서 쓰는 기기도 홈쇼핑에 등장하기 시작했다. 연예인이 나와서 자신이 어떤 효과를 봤는지 선전하고 쇼 호스트들은 말로 사람을 들었다 놨다 한다. 손가락으로 클릭 몇 번 하면 다음 날 바로 집 대문 앞에 원하던 상품이 배송된다. 홈쇼핑뿐만 아니라 요즘은 SNS에서도 인플루언서들과 연예인들이 팩을 팔고 화장품을 판다.

얼굴에 쓰는 LED 마스크, 목주름을 없애는 넥케어 제품, 갈바닉 이온 기기(전류를 이용해 화장품 유효 성분의 흡수율을 높이는 기기), 초음파, 클렌저 등 홈쇼핑에 없는 것이 없다. 피부관리실에 비치되지 않은 신제품들이 고객의 집에 들어서기 시작한 것이다. 예전에는 피부관리실에서만 볼 수 있었던 기기와 제품이 이제는 집에서 흔히 볼 수 있다. 피부관리실은 피부관리실로서의 위치를 잃어가고 있다.

피부관리사만의 경쟁력으로 승부하라

피부관리실이 살아남으려면 피부관리실만의 경쟁력으로 승부를 봐야 한다. 피부관리사의 가치를 피부관리사가 정확하게 알지 못하면 성장하기 힘들다. 타 업계들이 영역을 확장할수록 눈치만 살피며 위축되기만 할 뿐이다.

이제는 피부관리실만의 경쟁력을 살려야 한다. 피부관리실에서만 받을 수 있는 요소들을 늘리고, 피부관리사만이 할 수 있는 능력을 더욱더 강화시켜야 한다. 그러기 위해서는 피부관리사가 피부관리실에서만 느낄 수 있는 가치에 대해 분명히 알고 발전시켜야 한다. 가치가 있더라도 스스로 가치 있다고 생각하지 않으면 상대방도 아무것도 아닌 것으로 치부한다. 피부관리실의 가치를 정확히 알아야 경쟁력이 생긴다.

피부관리사는 정말 다양한 장점을 가지고 있다. 고객을 처음부터 끝까지 관리할 수 있다. 피부과보다 훨씬 더 고객에게 집중할 수 있고 밀착 관리가 가능하다. 뷰티 에디터들처럼 불특정 다수에게 얘기하는 것이 아니라 오로지 고객 한 사람을 위해 말할 수 있다. 홈쇼핑이 단순히 기기와 제품을 판매한다면, 피부관리사는 고객에게 맞는 테크닉을 처방하고 기기를 선택해 사용할 수 있고, 고객 한 명만을 위한 집중적 관리를 통해 피부 문제를 해결할 수 있다. 고객이 온전히 자신의 몸에 집중할 수 있는 환경을 만들어줄 수 있다. 이런 피부관리사만의 경쟁력을 키워야 한다.

피부관리사의 가치는 피부관리사가 분명히 알고 지속적으로 발전시켜야 한다. 타 업계를 의식해서 부족한 부분을 어설프게 채우고 흉내 내는 것이 아니라 오롯이 피부관리사만의 강점을 생각하고 집중하고 발전시켜라. 피부관리사로서의 가치를 자기 자신이 인정하고 받아들이지 않는다면 그 누구도 인정해주지 않을 것이다. 타인에게 인정을 바라지 말고 스스로 가치를 매기고 성장시켜라.

상담 울렁증을 극복하고 전문직으로 승부하자

태생이 전문직임을 기억하라

피부관리사라는 직업은 태생적으로 전문직이다. 하지만 전문적으로 일하는 사람은 매우 드물다. 전문적으로 고객의 문제를 해결하지 못하니 사회적으로도 단순 마사지사라는 이미지가 팽배하다. 피부관리사도 고객의 문제를 파악하고 해결할 수 있는 능력만 있다면 의사와 같은 명예와 부를 누릴 수 있다.

"좀 더 공부하고 발전하여 의사와 같은 전문직이 될 것인가?"라는 질문에 '머리 아픈 것은 싫어, 그냥 이대로 만족하며 살래'라는 생각이 든다면 현재에 만족하며 살면 된다.

평생 할 일을 어떻게 하고 싶은가? 어떤 마음가짐으로 일하고 싶은가? 피부관리사도 의사처럼 일할 수 있고, 조금 가벼운 마음으로 일할 수도 있다. 하지만 선택에는 책임이 따르고 그에 따른 대가가 따른다.

꿈이 있다면 도전하라. 현실에 안주하겠다면, 고객에게 인정받고 싶은 욕구와 돈을 많이 벌고 싶다는 욕심은 버려야 한다. 나의 선택에 따라 사회적 지위와 연봉을 스스로 결정할 수 있다. 이것만큼 행복한 일이 어디 있는가? 피부관리사는 관점에 따라 마사지사가 될 수도 있고, 고객의 주치의 역할도 할 수 있는 직업이다. 자신의 선택에 따라 당신은 무엇이든 될 수 있다.

단순노동직이 될 것인가 전문직이 될 것인가

피부관리사는 1:1로 환자를 대한다는 점에서부터 환자의 문제를 파악하고 해결하는 것까지 의사와 많은 공통점이 있다.

의사는 환자의 몸을 직접 보고 만지며 병명을 알아낸다. 여러 검사를 통해 증상의 원인을 찾고 치료 방법을 생각한다. 그 후 알맞은 치료와 처방을 통해 환자의 건강 문제를 해결한다.

피부관리사 또한 고객의 피부를 보고 몸을 문진하고 촉진하여 문제의 원인을 찾는다. 이를 바탕으로 관리 방향을 결정하고 테크닉이라는 처방으로 피부 문제를 해결한다.

그런데 어디서 차이가 발생하는 걸까? 재미있는 점은 의사끼리도 분명한 차이가 있다는 것이다. 같은 의사끼리도 명성 높은 의사와 무능한 의사로 나뉜다. 명의는 의료에 관한 연구를 멈추지 않으며 어떤 환자가 오더라도 당황하지 않고 침착하게 진찰을 한다. 능력이 없는 의사는 배움을 게을리하고 심지어 거짓말을 하기도 한다. 돈을 벌기 위해서라면 아프지 않은 사람도 환자로 만들어버린다. 명의와 무능한 의사의 차이점은 '환자의 문제를 얼마나 잘 해결하는가?'다. 명의는 환자의 문제를 해결하기 위해 노력하고, 무능한 의사는 돈을 위해서라면 없던 문제도 만든다. 일을 하는 이유가 환자냐 돈이냐의 차이다.

피부관리사도 고객의 문제를 해결할 수 있다면 고객에게 의사와 같은 존경과 신뢰를 받는다. 의사만큼 많은 수입을 올리고 사회에 좋은 영향력을 끼칠 수 있는 직업이 피부관리사다. 다만 선행 조건이 있다. 고객 문제를 파악할 수 있는 능력과 문제를 해결할 수 있는 테크닉이 필요하다는 것이다. 하지만 의사처럼 피부관리에 임하는 피부관리사는 0.1퍼센트도 되지 않는다. 의사의 부와 명예를 부러워할 것이 아니라, 의사의 마음가짐과 노력을 따라 해야 한다. 피부관리를 바라보는 관점을 바꿔야 의사처럼 일하고 벌 수 있다. 그러기 위해서는 기준이 필요하다. 피부관리사가 전문가로 거듭나기 위해서 갖춰야 할 조건은 다음과 같다.

- 일에 대한 사명감과 고객에 대한 책임감
- 고객 문제를 이해하고 판단하는 명확한 관점
- 문제를 해결할 수 있는 능력

이 3가지 기준 없이, 생각 없이 마음이 가는 대로 손이 가는 대로 일을 하고 있다면 단순노동자가 되는 것이다. 단순노동자는 별 생각 없이 몸을 움직여 일을 한다. 전문직은 배움을 게을리하지 않고 끊임없이 공부하며, 프로 의식을 갖고 자신에게 필요한 지식이나 기술을 찾아다닌다.

피부관리사는 단순노동직도 될 수 있고, 전문직도 될 수 있다. 피부관리를 하는 전략과 계획 없이 일을 한다면 피부관리사는 단순노동직으로 전락하고 만다. 육체노동으로 돈을 버는 것이다. 단순노동자로서 일을 하기로 마음먹었다면, 고객 상담과 관리는 어느 정도 포기하고 타협을 봐야 한다. 저가 전략도 나쁘지 않다. 하지만 고객에게 인정과 신뢰를 받고 싶다면 전문직이 되어야 한다. 고가의 관리를 하고 싶다면 단순노동자의 사고방식에서 벗어나 전문직으로 성장해야 고가 전략이 성공한다.

이제 피부관리사도 의사처럼 전문 지식을 갖추고, 이를 바탕으로 목표와 전략을 세워야 한다. 피부관리사로서 고객에게 명의가 된다면 고객은 피부관리사를 믿고 신뢰할 것이다.

영어 10년 배워도 한마디를 못하듯 피부관리 이론도 그렇다

같은 질병도 학문에 따라 바라보는 관점과 해석하는 방법이 다르다. 의사도 자신의 전문 영역에 따라 질병을 해석하고 처방하는 방법이 다양하다. 질병을 치료한다는 대전제는 같지만 진료과에 따라 질병을 이해하고 해석하고 처방하는 방식이 각기 다르다.

허리 통증으로 정형외과, 신경외과, 한의원을 내원해봤는데, 세 병원 모두 통증에 대해 이야기하는 것이 달랐다. 병원마다 치료 방법도 가지각색이었다. 그럼 세 병원 모두 오진을 한 것인가? 그렇지 않다.

의학이 발전하면서 질병을 이해하는 폭이 넓어졌고 보다 세분화되었다. 정형외과, 신경외과, 한의원 모두 질병의 원인을 찾고 치료한다는 목적은 같지만 통증을 바라보고 치료하는 관점이 다르다. 통증의 치료 방향은 관점에 따라 달라진다. 이 과정에서 나는 한 가지 사실을 깨닫게 되었다. 피부관리사도 피부관리사만의 관점이 필요하다는 것이다. 이 세 병원의 처방법과 치료요법이 다르듯, 피부관리사도 피부관리사만의 몸을 해석하는 관점과 처방법을 길러야 한다.

현장으로 처음 나간 피부관리사는 어려움을 겪는다. 이론으로 배운 피부관리 학문과 현장이 동떨어져 있기 때문이다. 실제로 한 교육생은 미용학원, 미용고, 대학교 피부학과를 다니며 이론 공부만 5년 이상을 했는데 현장에서는 아무 쓸모가 없다고 했다. 유치원 때부터 성인이 될 때까지 10년 이상 영어를 배우지만 정작 외국인 앞에서는 말 한마디 못하는 현실과 지금 피부관리실의 현실이 닮아 있다. 이론에 대해 수없이 배웠지만 정작 고객 앞에서는 입이 떨어지지 않는다. 한국인은 영어 울렁증을 겪고 피부관리사는 상담 울렁증을 겪는다. 피부관리사는 근육학, 해부학, 경락, 피부학, 화장품학 등 정말 많은 공부를 했지만 정작 현장에서 할 수 있는 것이 없다.

피부관리사와 의학의 접점은 어디일까? 그 접점을 찾기 위해 수없이 고민했다. 테크닉을 의학 중 어떤 포인트에 접목시켜야 효과를 볼 수 있을지, 어떻게 해야 상담의 진입장벽을 낮출 수 있을지를 수없이 경험하고 연구하고 도전한 결과 두 가지 사실을 깨달았다.

첫째, 타 의학을 그대로 대입하면 문제가 된다.

피부관리사는 의사가 아니기 때문에 의사를 그대로 따라 하려는 행위는 피부관리사에게 독이 되었다. 흰 의사 가운을 입고 단순히 '아는 척'만 하는 것에 그쳤기 때문이다. 오히려 피부관리사의 장점마저 잃게 되었다. 의학을 그대로 베끼는 것은 의미가 없었다.

둘째, 타인의 경험이 아닌 '나'의 경험을 쌓아야 한다.

타인의 경험을 지속적으로 듣다 보면 종종 나도 당연히 할 수 있을 것이라는 착각에 휩싸인다. 이런 혼란에 빠지지 않으려면 자신이 아는 것과 모르는 것에 대한 정의를 분명히 내려야 한다. 정의를 내리는 기준은 다음과 같다. A에 관해 정확히 알고 있다면 A에 관한 설명을 구체적으로 할 수 있다. 추상적으로 설명을 하거나 말문이 막힌다면 자신은 A를 알지 못하는 것이다.

상담에 대해 잘 안다고 생각하지만, 정작 상담만 하면 어렵고 힘든 이유도 상담에 관하여 구체적으로 알지 못하기 때문이다. 매출이 만족스럽지 않은가? 매출을 올리는 방법을 구체적으로 알지 못해서 그렇다. 이처럼 자신이 아는 것과 모르는 것에 대한 기준을 명확히 내렸다면, 어렵더라도 자신이 부족한 부분을 있는 그대로 받아들여라. 그리고 부족한 부분을 개념부터 다시 제대로 배워 기반을 탄탄히 하는 것이 중요하다.

기반을 바탕으로 고객 경험을 쌓고 '나'의 직접적인 경험을 늘려가라. 어쩌면 지금 피부관리사에게 가장 필요한 자세다. 타인의 경험은 나에게 참고만 될 뿐, 직접적인 영향을 미치지 못한다. 남이 느낀 것은 남의 것이기 때문이다. 절대 나의 것이 아니다. 그러니 타인의 경험을 들었다고 실제로 내가 할 수 있는 것도 아니다. 부족한 기초를 다시 잡고 스스로 경험을 통해 자신의 능력을 키워나가라.

• • •

제품에 의존하면 저가 경쟁에 빠진다

단가를 똑같이 낮추어야 할까?

피부관리실을 창업하는 대부분의 사람들은 다음과 같은 사고 과정을 거친다.

Q1 : 어떤 제품을 이용할까?

A : 어느 정도 알려진 브랜드를 쓰는 게 낫겠지?

→ 꽤 가격이 나가는 브랜드를 선택한다. 자연스럽게 단가가 상당히 높아졌다. 하지만 제품에 이 정도 투자는 해야 마음이 편하다.

Q2 : 프로그램 가격을 얼마나 정해야 할까?

A : 비싼 제품을 쓰니까 4만 원이 적절하겠어. 비싼 제품을 쓰는 것치고는 꽤 저렴한 가격이야. 이제 사람들이 우리 피부관리실을 선택하겠지?
→ 안심한다.

한 달 후, 자신의 가게 앞에 새로운 피부관리실이 들어왔다. 자신과 같은 제품을 쓰고 있다. 심지어 1회 관리 비용이 3만 원이다. 점차 손님이 앞집은 3만 원이라고 이야기하며 발길을 끊는다.

이제 어떻게 해야 할까? 단가를 3만 원으로 똑같이 낮춰야 할까?

제품에 매달리는 순간 제품회사 직원이 된다

제품이 주가 되면 저가 경쟁에 빠진다. 별다를 것 없는 서비스에 같은 제품을 쓴다면 고객이 피부관리실을 선택하는 기준은 자연스럽게 '가격'이 될 수밖에 없다. 제품이 주가 되면 고객 입장에서도 가격을 보고 피부관리실을 고를 수밖에 없다. 다른 피부관리실이 가격을 내리면 나도 내려야 한다. 문제는 가격을 내려도 나를 선택한다는 보장이 없다는 것이다. 그런 점에서 제품이 자신의 피부관리실에서 주가 되면 안 된다. 그럼 무엇이 주가 되어야 할까?

가장 먼저 명심할 것은 피부관리사로서의 본분을 잊지 말라는 점이다. 고객은 제품을 바르기 위해 피부관리실을 찾는 것이 아니다. 그 정도는 스스로도 할 수 있다. 고객이 원하는 피부관리실의 가치는 따로 있다. 피부관리사에게 제품은 도구가 되어야 한다. 제품에 휘둘리는 순간 피부관리사라는 직업에 대한 확신이 없어진다. 결국 눈치만 보다 저가 관리를 선택하게 된다.

제품회사에서 보내주는 제품설명서를 달달 읽고 성분을 외워서 고객에게 전달하는 것은 고객의 흥미를 끌지 못한다. 고객은 '여긴 제품 위주의 피부관리실'이라고 인식하게 된다. 피부관리사는 제품회사 직원이 아니다. 피부관리사의 본분은 고객의 피부 및 미용에 관한 각종 문제를 해결하는 것에 있다.

피부관리사로서 능력이 없을수록 확신이 떨어질수록 제품에 의존하게 되고 제품회사의 영향력만 날로 늘어나게 된다. 제품에 의존하게 되는 것이야말로 제품회사가 원하는 것이다. 그렇기에 제품과 조금 거리를 두고 스스로의 능력을 키워야 한다. 그 과정이 조금 두렵고 어렵더라도 피부관리사로서의 본분을 잊지 말고 영향력을 키워나가라.

의사가 약 처방하듯 제품을 처방하라

제품은 피부관리실에서 어떤 의미가 되어야 하는가? 피부관리실에서 제품의 역할은 의사로 치면 '처방하는 약'과 같다. 수분이 부족한 고객에게는 수분 함량이 높은 수분 팩을 처방해야 한다. 하지만 의사는 약의 브랜드에 목매지 않는다. 굳이 유럽 수입품을 찾지도 않는다. 환자에게 맞는 성분을 고려한 뒤 그에 맞는 약을 처방할 뿐이다. 환자들도 약의 브랜드로 의사를 평가하는 일이 없다. 의사 자체를 보고 병원을 선택한다. 피부관리실도 마찬가지다. 화장품 브랜드를 보고 피부관리실을 선택하는 고객은 소수다. 대다수의 고객은 피부관리사를 보고 피부관리실을 선택한다. 제품에 대한 막연한 의존을 버려야 피부관리 능력을 발전시킬 수 있다.

고객과의 감정노동에서 벗어나는 방법

현직 피부관리사들에게 어떤 점이 가장 힘든지 물으면, 열이면 열 사람이 고객관계가 힘들다고 답한다. 상담을 할 때 당당하고 확신 있게 말하고 싶은데 자꾸 고객 눈치를 살피고, 기존 고객을 대할 때도 고객의 말에 항상 휘둘리고 일이 끝나면 만신창이가 된 것 같은 느낌을 받는다고 이야기한다. 자신의 경험담을 이야기하며 종종 눈물을 흘리는 사람들도 있다. 그래서인지 수강 후기에 단골 소재로 나오는 얘기가 '더 이상 고객의 말에 흔들리지 않는다'는 것이다. 감정노동에서 벗어나 자신의 기준을 찾고 전문가로서 거듭났다고 자랑스럽게 말한다. 그들은 어떻게 바뀔 수 있었을까? 우선 피부관리사가 어떤 감정노동을 겪는지, 왜 감정노동을 겪는지를 살펴보고 이를 벗어날 수 있는 방법을 찾아보자.

첫째, 고객이 피부관리를 마사지 정도로만 여긴다.

고객의 문제를 해결하면 피부관리를 마사지로 여기지 않는다.

피부관리사는 고객을 경험하며 자신만의 피부관리 데이터를 만들어가야 한다. 고객이 겪고 있는 문제는 다른 고객들이 겪어왔던 문제와 대부분 비슷하다. 처음에는 고객의 문제를 찾고 해결하는 과정이 어렵지만, 해결 의지를 가지고 태도를 바꿔서 하나둘 데이터를 쌓다 보면 어느새 고객이 피부관리를 단순히 마사지로 취급하는 것이 아니라, 하나의 치료라고 생각하는 모습을 보게 될 것이다.

고객에게 피부관리를 받는 시간에 대하여 명확하게 정의를 내려주는 것도 중요하다. 피부관리를 받는 시간이 고객에게 어떤 시간인지, 고객의 삶에 어떤 영향을 끼치는지 전달한다면 고객은 피부관리를 받는 시간이 가치 있는 시간이라고 생각할 것이다.

둘째, 고객이 자신이 더 잘 안다고 나선다.

피부에 관해 설명할 때 고객이 자신의 말을 자르면서 더 잘 안다고 하는 상황이 종종 있다. 이런 경우에는 고객의 이야기를 끝까지 듣고 잘못된 지식을 하나하나 설명해야 한다. 그 후에 고객에게 충분히 헷갈릴 수 있는 상황이라고 전달하자. 이때 고객을 무시하는 투로 얘기하지 않는 것이 가장 중요하다. 자신이 틀렸다고 얘기하면 누구나 기분이 나쁘다. 고객과 기 싸움을 해선 안 된다.

셋째, 고객이 자신만 금액을 깎아달라고 요구한다.

고객에게 가치를 인식시키지 못했을 때 일어나는 현상이다. 고객에게 피부관리를 통해 변화할 모습을 강조하라. 지금까지 관리를 통해 어떤 문제점이 해결되었는지 설명하고, 더 나아질 미래를 약속하면서 지금 받는 관리가 그만한 값어치를 한다는 사실을 인식시켜라. 피부관리를 통해 고객이 직접적으로 변화할 부분을 구체적으로 전달해야 한다. 자신이 이 피부관리를 통해 어떤 점이 변화될 것인지가 와닿지 않으면 가치가 없다고 생각하게 된다.

넷째, 고객이 약속을 잘 지키지 않고 은근히 무시한다.

고객이 아직 원하는 포인트를 끄집어내지 못한 것이다. 고객에게 신뢰를 주지 못하면 고객은 어린아이처럼 행동한다. 고객의 문제를 해결하려 노력하고 고객에게 신뢰를 얻어라. 고객에게 약속에 대한 개념을 확실하게 인지시키고, 고객이 무례한 행동을 했을 경우 확실하게 짚고 넘어가야 한다. 고객이 보내는 안 좋은 신호는 무언가 피부관리와 고객관리가 잘 이루어지지 않고 있다는 뜻이다. 고객이 원하는 방향성과 다르게 흘러가고 있다거나, 피부관리가 추상적으로 이뤄지고 있다거나, 고객이 피부관리에 의미를 느끼지 못하는 등의 문제다. 고객이 불편을 수면 위로 드러내고 고객이 느끼는 불편함을 해결하는 데 힘써야 좋은 고객관계를 유지할 수 있다.

이때 주의해야 할 사항은 어떤 상황에서도 고객을 무시하거나 강요하는 투로 얘기하면 안 된다. 고객과 기 싸움 하는 것은 감정만 상할 뿐 관계에 대한 근본적인 해결책이 될 수 없다. 고객이 무례한 말과 행동을 하면 이런 행동을 해선 안 된다고 확실히 표현해야 한다. 피부관리사 스스로 고객에 대한 개념을 명확히 정립하고 있어야 고객에게 분명하게 말할 수 있고 고객관리가 가능하다. 더 나아가 고객에게 비전을 제시하고 이끌어주는 역할을 할 수 있어야 한다. 자꾸 툴툴거리며 눈빛이 좋지 않은 고객이 있다면 무언가 불편한 점이 있다는 것이다. 고객에게 먼저 다가가 물어보자. 피부관리에 불편함은 없는지, 고객이 원하는 방향으로 잘 이끌어가고 있는지, 불상사가 발생하기 전에 미리 불편한 점을 묻고 해결하라. 피부관리사가 직접 고객에게 물어보고 문제를 해결해야 감정노동에서 벗어날 수 있고 고객과의 관계를 명확히 할 수 있다.

자신만의 매뉴얼로 피부관리 기술을 정립하라

기술이 없으면 무언가에 자꾸 의존하게 된다. 제품뿐만이 아니라 인테리어, 마케팅 등 피부관리사의 공포를 자극하며 돈을 쓰게 만드는 것투성이다. 문제를 본질적으로 해결하지 못하면 돈을 쓰며 불안함을 채우게 된다.

그런 이유에서인지 나를 찾는 교육생들은 확신을 요구하는 경우가 많다. 수업을 듣고 나서는 다들 확신에 차서 가지만, 그렇게 일시적으로 생긴 확신은 진정한 확신이 아니다. 진정한 확신은 자신이 지속적으로 경험하고 이뤄낸 토대에서 나온다. 교육에서는 확신이 아닌 지식을 배우고, 테크닉과 고객 '관점'을 배우는 것이다. 배운 것과 할 수 있는 것을 착각하면 안 된다. 배운 것을 바탕으로 연습하며 스스로 할 수 있는 능력을 길러야 한다. 배운 것을 즉각 실행해도 실패할 수 있다. 실행과 실패의 과정을 거쳐 자신의 생각과 전략을 보완하면서 목표를 달성하는 과정에서 확신이 생긴다.

제품과 기기, 교육, 인테리어, 마케팅 등 외부 요인에 영향을 받지 말고 자신의 기술에서 가치를 찾아라. 피부관리를 하는 구체적인 능력을 키우고, 자신만의 피부관리 방법을 정립해야 한다. 매번 관리를 하고 그칠 것이 아니라 지속적으로 기록하고 성장하며 꾸준히 테크닉 능력을 키워나가고 고객의 문제를 해결할 수 있는 능력을 성장시켜라. 그렇게 해야 제품이나 마케팅 등의 외부 요인에 의존하지 않고 자신만의 힘으로 우뚝 설 수 있다.

|피부관리 매뉴얼 5단계|

고객의 문제점 발견

⬇

피부관리 목표 세우기

⬇

구체적인 테크닉 계획하기

⬇

명확한 결과 도출하기

⬇

데이터 쌓기

자신만의 피부관리 매뉴얼을 정립하기 위해서는 위의 표에서 보듯 문제점 발견, 피부관리 목표 세우기, 구체적인 테크닉 계획하기, 명확한 결과 도출하기, 데이터 쌓기의 과정을 밟아야 한다. 이 과정을 계속 반복하다 보면 어느 순간 고객이 나를 믿고 따르는 모습을 보게 될 것이다. 의식하지 않아도 상담에서 할 말이 많아진다. 더 이상 고객을 의식하지 않고 내가 하고 싶은 말을 자유롭게 할 수 있게 된다. 그럴수록 고객은 자연스럽게 몰입한다.

모든 피부관리사들은 이 과정을 통해 자신의 기술을 정립해나가야 한다. 고객의 문제점을 발견하고 피부관리 목표를 세우고 구체적인 테크닉을 계획하고 난 후 확실한 결과를 고객에게 전달하고 이 과정을 데이터로 만드는 것이 필요하다. 데이터가 쌓일수록 자신의 관리에 확신이 생기고 일에 대한 자부심이 생긴다. 어느 순간 제품도, 기기도, 인테리어도, 마케팅도 큰 의미가 없어진다. 능력을 키워 외부 요인에 휩쓸리지 않는 피부관리사가 되자.

• • •

소비자의 지갑을 열 수 있는 가치가 진정한 가치다

소비자는 취향을 산다

〈백종원의 골목식당〉에서 큰 화제가 된 포방터 돈까스는 제주도로 이전한 뒤에도 전국 각지의 사람들이 몰려드는 가게로 남았다. 서울, 부산, 여수 등 전국 팔도에서 모인 사람들의 열기로 포방터 돈까스 식당의 현장은 늘 뜨겁다. 낮 12시부터 영업이 시작되는데 사람들은 새벽 2~3시부터 텐트를 치고 가게 앞에서 진을 친다. 그저 돈까스를 먹기 위해 비행기를 타고 가서 10시간 넘게 기다리는 것이다.

이제 소비자들은 한 끼를 먹더라도 눈앞에 보이는 식당에 가지 않는다. 휴대폰의 검색 창에서 맛집을 검색해서 자신의 취향인 음식점을 찾아가는 시대가 왔다. 가고 싶은 맛집이 생기면 굳이 먼 곳까지, 시간과 돈을 더 들여서라도 찾아가서 소비하는 시대인 것이다.

안 되는 곳은 무시당하고 잘되는 곳은 우상시된다

단순노동을 대체하는 기계가 쏟아져나오는 시대다. 이제 사람들은 직접 힘들게 청소하지 않고 로봇청소기를 구매하기 시작했다. 로봇청소기를 구매할 때도 검색을 통해 사람들이 많이 사고 가장 잘나가는 로봇청소기를 구매한다. 후기나 리뷰를 꼼꼼히 살피기 때문에 후기가 하나도 없는 로봇청소기는 당연히 찬밥 신세가 된다. 그리고 로봇청소기를 사용하고 나서는 후기를 인터넷에 올린다. 그 리뷰를 보고 다시 사람들이 그 로봇청소기를 산다.

가격이 비싸더라도 가치가 있다고 생각하면 지갑을 연다. 반대로 아무리 가격이 저렴해도 기대하는 가치가 없다면 지갑은 열리지 않는다. 사람들은 만족감을 기준으로 소비를 하기 시작했다. 화제거리가 되는 것들을 찾기 시작했고, 가치 있는 것에 더욱더 열광하게 되었다.

시대가 변했다. 단순히 경기가 안 좋아진 것이 아니라, 사람들이 한쪽으로 몰리는 것이다. 몇몇 잘되는 곳을 제외한 다른 자영업자들은 피가 마르기 시작한다. 매출만 문제가 되는 것이 아니다. 어쩌다 고객이 오더라도 제대로 갖춰지지 않은 곳은 은연중에 사람들의 무시를 받기 시작한다.

장사가 안 되는 곳은 무시당하고, 잘되는 곳은 우상시된다. 현장에 있는 원장님들 모두 이 같은 현실에 공감한다. 고객이 유입되지 않는 상황, 날이 갈수록 떨어지는 매출, 은연중에 자신을 무시하는 고객을 경험하고 있다.

이제는 피부관리사도 가치를 창출해야 한다. 단순노동은 더 이상 가치가 없다. 전문 지식, 만족감, 가치를 팔아야 한다. 타성에 젖은 채 단순노동만 하는 피부관리사는 무서운 속도로 발전하는 홈쇼핑의 홈케어 제품과, 마사지를 대체하는 안마의자에게 그 자리를 뺏기고 말 것이다.

쿠팡맨이 장 보는 시대, 새 판이 짜여졌다

2019년 8월 이마트가 적자를 기록했다. 서울 창동에 1호점을 낸 후 창립 26년 만에 처음으로 분기실적 적자를 기록한 것이다. 300억 원의 영업 손실이 났고 그 외에 롯데마트, 홈플러스 등 대형마트 모두 적자가 났다. 왜일까? 이제 쿠팡맨이 대신 장을 보기 때문이다. 누워서 손가락으로 클릭 몇 번이면 새벽에 신선한 식품들이 문 앞에 배송된다. 필요한 물건도 이제 손가락 한 번의 터치로 다음 날 바로 배송이 된다. 5년 전만 해도 상상할 수 없는 일이 지금은 당연시되고 있다. 시대의 흐름이 변하면서 판이 계속 바뀌고 있다.

현재 피부관리실의 시스템은 소비자의 눈높이를 따라오지 못하고 있다. 아직도 10년 전에 머물러 더 이상 발전하지 못하고 있다.

소비자의 높아진 눈높이에 맞게 피부관리실의 방향성을 바로잡아야 한다. 뷰티 시장은 날로 성장하기 때문에 이 흐름에 잘 올라탄 피부관리실은 계속해서 성장할 것이다. 단순노동만 제공하는 저가 관리에 빠져 허우적거리는 대신, 고부가가치의 서비스를 제공함으로써 고객들을 안정적으로 유치해야 한다.

가치는 명확한 설명으로 완성된다

피부관리사가 고객에게 줄 수 있는 가치란 무엇이 있을까? 고객의 얼굴과 몸에 제품을 도포하는 것, 마사지를 하는 것, 고객의 비위를 맞추는 것 등이 피부관리사의 가치일까? 육체노동과 감정노동은 이미 가치를 잃은 지 오래다. 고객들도 검색을 통해 어떤 제품이 좋은지 스스로 찾아 집에서 스스로 관리할 수 있다. 요즘은 안마의자가 웬만한 초짜 마사지사들보다 안마를 더 잘한다. 심지어 지치지도 않는다. 그나마 고객의 비위를 맞춰주는 것은 가능해서 많은 피부관리사들이 감정노동에 내몰리게 되었다.

단순노동에 시간을 쓴다고 고객관리를 제대로 하는 것이 아니다. 단순노동과 가치를 분명하게 구분해야 한다. 구색만 갖춘 상담을 하고 고객의 문제를 전혀 파악하지 못했다면 그저 상담이라는 단순노동을 한 것이다. 상담을 통해 고객의 문제를 파악하여 피부관리 목표를 명확하게 설정한다면 고객은 상담이 가치 있다고 느낀다.

아무 생각 없이 천편일률적인 테크닉을 하고 난 후 별 변화가 없는 것은 단순노동을 한 것이다. 테크닉을 하고 난 후 이 테크닉은 어떤 테크닉이었고 어떤 점이 변화했는지와 어떻게 나아질 것인지 고객에게 인지시킨다면 고객은 테크닉이 가치 있다고 느낀다.

관리가 끝나고 고객에게 오늘 한 관리에 대해 분명하게 설명하지 못한다면, 고객은 피부관리를 언제든 그만 둬도 상관없는 옵션이라고 생각한다. 하지만 관리를 통해 고객이 어떻게 발전해왔는지 지속적으로 알리고 더 나아지기 위해 지켜야 할 사항들을 당부하고 고객을 이끈다면 피부관리에 큰 가치를 느끼고 필요성을 분명하게 깨닫는다. 그런 고객에게는 피부관리가 옵션이 아닌 필수가 된다.

이제 고객은 단순노동과 가치를 분명하게 구분하고 이를 평가하기 시작했다. 가치 없이 단순노동만 하고 있는 곳들은 하나둘 무너지고 있다. 검색이 습관화되면서 잘되는 곳으로만 사람이 몰리기 시작했다. 피부관리실 또한 가치가 분명한 곳으로 손님이 몰린다. 단순노동만 해서 가치가 없는 곳은 문을 닫을 위기에 처했다. 하루에도 수많은 피부관리실이 문을 닫는다.

피부관리 시장과 뷰티 시장은 분명히 떠오르고 그에 따라 피부관리사는 유망 직종이다. 가치를 창출할 수 있다면 말이다. 무너져가는 판에 그대로 있을 것인가? 가치를 팔아 새로운 사업 모델로 성장시킬 것인가? 만약 나라면 지금 당장 새로운 판으로 뛰어들 것이다. 시간이 없다. 빠르게 움직여라. 빠르게 변해가는 시장을 따라가지 못하면 즉시 도태된다.

비즈니스 마인드를 장착하고 비즈니스 모델을 세워라

어떻게 돈을 벌 것인가

매년 다양한 교육생들이 나를 찾는다. 예비창업자, 자격증만 딴 학생, 피부관리실 운영 4년차 원장님, 수십 년의 경력이 있는 원장님 등 경력과 실력 모두 다르지만 나를 찾아온 사람들에게는 공통점이 있다. 피부관리에 대한 이해와 개념이 부족하다는 것이다.

단순히 제품을 바르고 마사지하고 돈 받는 것이 피부관리가 아니다. 하지만 이런 생각을 가진 채 전문가가 되고 싶다며 나를 찾는다. 개념부터 바로잡지 않으면 절대 전문가가 될 수 없다. 피부관리사가 가져야 할 기본 개념, 즉 어떻게 피부관리사가 돈을 벌어야 하는지에 대해서 알아보자.

가치는 만족감에서 온다

예로부터 무언가를 주면 무언가를 받는 물물교환이 고전적인 비즈니스 모델이었다.

피부관리사도 똑같다. 바로 문제를 해결해주고 그 대가를 받는 것이다. 문제를 해결해준다면 고객은 그 어떤 것보다 가치 있다고 느낄 것이다. 따라서 문제가 해결되지 않으면 고객에게 만족감을 줄 수 없다.

많은 수강생들이 피부관리 프로그램을 정할 때 프로그램을 어떻게 짜야 할지, 비용은 어떻게 책정해야 할지 어려워한다. 간단하다. 프로그램별로 해결할 수 있는 문제를 정하고 그 해결 능력에 따라 비용을 측정하면 된다.

문제를 해결할 수 있다면 추가적인 가치인 만족감을 이끌어내야 한다. 만족감은 외적인 만족감과 내적인 만족감으로 나뉜다.

외적인 만족감은 눈에 보이는 것에서 온다. 좋은 인테리어, 눈에 보이는 섬세한 소품들, 인스타그램에 자랑할 만한 사진을 찍을 수 있는 포토존 등이 외적인 만족감을 준다. 마지막으로 가장 중요한 것은 눈에 보이는 피부관리 결과다.

내적인 만족감은 테크닉을 받은 고객이 느끼는 감정에서 온다. 편안함, 피부관리사가 나를 신경 써주는 느낌, 나의 이야기를 들어주는 것, 힐링받는다는 느낌, 피부관리를 받고 난 후 시원함, 피부관리사가 나를 배려하는 눈빛과 행동 등을 통해 내적인 만족감을 얻는다. 피부관리실에서 치유받는 느낌과 감정이 채워지는 기분이 들어야 고객은 비로소 만족감을 느낀다.

세분화된 피부관리가 만족감을 부른다

피부관리도 여러 가지 관리로 나뉜다. 제품회사에서 주는 매뉴얼에 따라 가격대별로 관리를 나누는 것이 아니라 고객에게 줄 수 있는 가치에 따라 관리를 나누는 것이 만족도를 높이는 데 좋다. 몇 가지 예시들을 살펴보자.

첫째는 제품을 이용한 피부관리다. 관리 종류는 수분관리, 안색정화, 미백효과 등이며 관리 원리는 좋은 제품을 쓰는 것과 제품의 흡수를 도와주는 것이다.

제품관리는 피부가 제품을 흡수할 수 있는 상태가 되도록 이끌어주는 것이다. 이 피부관리는 사람에 따라 효과가 나타나는 사람과 효과가 잘 나타나지 않는 사람이 있어서, 지속적인 재티케팅이 어려운 관리다. 화장품도 쓰다 보면 면역이 생겨 처음처럼 드라마틱한 결과가 나오지 않는다는 점에 주의한다.

둘째는 호르몬 밸런스를 위한 트러블관리다. 관리 종류는 생리통, 갱년기, 여드름, 안면홍조, 예민피부, 수족냉증이며 관리 원리는 호르몬과 신경의 자극을 통해 피부 상태를 정상적으로 복구시키는 것이다.

트러블관리는 여성들이 많이 겪는 증상들을 관리하는 것이다. 특히 갱년기와 생리통에 효과가 좋다. 생리통 외에도 자궁 관련 질환들을 해결해준다.

요즘은 20대 초반 여성들도 피곤하면 쉽게 질염에 걸린다. 무너진 호르몬의 균형을 맞추는 데 힘쓰고 확실한 효과가 나타나기 때문에 고객들은 트러블관리에 열광한다. 단, 이때 확실하게 해결할 수 있는 능력이 있어야 한다.

셋째는 근육 이완을 위한 통증관리다. 관리 종류는 오십견, 골반 비대칭, 허리 디스크, 다리 저림, 거북목이며 관리 원리는 경직된 근육을 테크닉으로 풀어 몸의 활동 범위를 높이는 것이다.

통증관리는 경직된 근육을 풀어 통증을 없애고 근육이 자리잡을 수 있게 도와주는 관리다. 통증관리는 사후관리도 중요하여 고객에게 필요한 운동요법과 하지 말아야 할 평소 습관들을 조언해야 관리 효과를 볼 수 있다. 많은 부위를 관리하면 효과가 없고 구체적인 근육을 정확하게 풀어야 확실한 효과를 볼 수 있는 관리다. 고객관리가 같이 동반되어야 하는 관리다.

넷째는 아름다움을 위한 뷰티관리다. 관리 종류는 작은 얼굴관리, 윤곽관리, 복부 슬리밍, 다리라인관리, 웨딩관리이며 관리 원리는 뭉친 근육을 풀고 쌓인 노폐물을 해결해 얼굴과 바디의 윤곽이 드러나게 하는 것이다.

뷰티관리는 뭉쳐 있는 근육을 풀고 노폐물을 배출시켜 부종을 빼는 관리다. 작은 얼굴관리도 단순히 옆 라인과 교근만 자극해서는 안 된다. 흉쇄 유돌근과 후두근까지 자극해야 효과가 드라마틱하고 지속 기간도 길다. 윤곽관리도 비근을 풀고 안륜근까지 자극해야 콧날이 살아난다. 안륜근을 풀 때도 측두근까지 같이 풀어줘야 눈이 맑아지고 다크서클이 개선된다. 뷰티관리의 핵심은 몸의 연결성을 파악해야 가능하다. 피부관리실에서 가장 인기가 좋은 관리다.

다섯째는 만성피로와 스트레스를 위한 힐링관리다. 관리 종류는 불면증, 만성피로, 편두통, 전신긴장, 스트레스이며, 관리 원리는 긴장되어 있는 몸과 근육을 이완시키고 저하된 면역력을 강화시키는 것이다.

힐링관리는 현대인들의 만성피로, 불면증, 편두통, 스트레스를 완화시키는 관리다. 긴장된 몸과 근육을 이완시켜 심리적으로 안정된 상태를 만드는 것이 힐링관리의 핵심이다. 몸보다 정신 이완에 초점이 맞춰진 관리이며 관리를 할 때 고객의 속도를 기다려주는 것이 중요하다. 깊은 호흡을 유도하며 지속적으로 고객을 신경 쓰고 집중해야 하는 관리다.

피부관리사는 이처럼 고객에게 여러 가지 가치를 줄 수 있는 직업이다. 문제해결 능력이 얼마나 있느냐에 따라 피부관리사의 비즈니스 모델은 천차만별이 되며 시대가 변하면서 가치를 제공하지 못하는 피부관리사들은 낙오된다.

자신이 실질적으로 할 수 있는 것을 A4용지에 적어보기 바란다. 그리고 부족한 부분을 키워나가라. 피부관리사는 고객에게 많은 영향력을 미치는 가치 있는 직업이다.

3장

에스테틱의 판을 바꾸는 6가지 전략

피부관리 테크닉 불변의 법칙을 활용하라

테크닉의 본질을 공부하자

각종 현란한 이름이 붙은 피부관리 테크닉이 유행하고 있다. 하지만 유행에는 그 끝이 있기 마련이다. 유행을 따르다 보면, 자신이 배운 테크닉의 유행이 지나면 또 다른 테크닉을 비싼 돈을 내고 배워야 한다. 테크닉을 배울 때 가장 중요한 것은 테크닉의 본질을 공부하는 것이다. 테크닉의 본질은 현란한 이름이나 비싼 제품 따위에 있지 않다. 그럼 테크닉에서 가장 기본이 되고 중요한 것은 무엇일까? 유행처럼 돌고 도는 테크닉이 아니라, 테크닉의 근본에 대해 알아보자.

고가 테크닉의 3가지 핵심 요소

첫째, 구체적인 테크닉 목표를 정한다.

테크닉의 목표를 구체적으로 설정하는 것이 가장 기본적이면서도 중요하다. 구체적으로 어느 부위에 테크닉을 할 것인지, 이 부위의 근육에 테크닉을 함으로써 어떤 효과가 나타나는 것인지 생각하고 고객에 맞춰 테크닉 목표를 설정하라.

오십견이 문제인 고객의 경우에는 견갑근육, 능형근, 전거근까지 같이 관리해야 오십견을 해결할 수 있다. 첫 관리 때 시간은 한정되어 있고 1회 관리로 다 풀어줄 수 없으니 테크닉의 목표를 구체적으로 세워야 한다. 1회 관리로 근육을 이완시키고 굳어 있는 몸을 다음 관리 때 깊은 테크닉을 받을 수 있도록 먼저 준비시켜놓는다. 능형근과 전거근까지 같이 이완시켜 등과 어깨 옆 라인의 근육을 풀고 노폐물을 배출시켜 라인을 정리하고 슬림하게 만드는 것이 선행되어야 한다.

이때 주의할 사항은 등 부위, 골반 부위, 가슴 부위처럼 추상적으로 목표를 설정하면 안 된다는 점이다. 구체적인 테크닉 목표를 설정하고 정확한 위치에 테크닉을 한다면 1회 관리로도 확실한 효과를 볼 수 있다.

둘째, 피부관리사의 몸과 마음이 편한 상태에서 테크닉을 한다.

테크닉을 하기 전에 자신의 몸과 마음을 편안한 상태로 만들어라. 피부관리사가 긴장한 상태에서 고객의 피부를 만지면 베드에 누워 있는 고객에게 긴장이 그대로 전달된다. 더불어 고객은 피부관리사의 긴장을 그대로 흡수하여 피부관리사보다 더욱더 긴장된 상태가 된다. 피부관리사도 고객의 긴장이 느껴지며 몸이 더 굳어진다.

우선 긴장의 굴레에서 벗어나라. 피부관리사는 긴장을 하면 자신도 모르게 손에 힘이 들어간다. 손에 힘이 들어가면 편안하고 묵직한 힘으로 테크닉을 할 수 없게 되고 찌르고 뾰족한 느낌의 공격적인 테크닉이 나온다.

누워 있는 고객의 몸은 본능적으로 테크닉을 공격이라 생각하고 몸을 방어하기 위해 근육들을 막아버린다. 고객이 긴장한 상태에서 테크닉을 시작하면 근육이 방어를 하고 길을 내어주지 않으면서 테크닉 자체가 튕겨나간다. 테크닉을 해도 땡땡한 느낌만 들 것이고 근육 자체가 제대로 느껴지지 않는다.

피부관리사 또한 고객 몸이 단단해져 더욱 강하고 빠른 힘으로 테크닉을 한다. 결국 고객은 테크닉을 받고 몸이 더 불편해지지만 피부관리사와 고객은 원래 마사지를 받으면 그런 것이라며 대수롭지 않게 넘어간다. 결국 피부관리를 받아도 큰 효과가 없고 재티케팅으로 연결되지 않는다.

셋째, 고객과 호흡을 맞춘다.

테크닉의 주인공은 고객이다. 이 사실을 피부관리를 진행하는 동안 절대 잊지 말아야 한다. 대부분 테크닉을 할 때 피부관리사는 자신의 속도에 맞춰 진행한다. 고객의 호흡과 속도는 전혀 고려하지 않는 것이다. 고객의 호흡에 맞춰 테크닉의 속도를 조절하고 고객이 테크닉을 받아들이는 속도에 집중하고 맞춰야 한다.

피부관리사의 속도를 고객에게 강요한다면 고객의 몸은 경직될 뿐이다. 고객을 이완시키고 편안한 상태로 만드는 것이 올바른 피부관리의 시작이다.

테크닉에 들어가기 전에 고객의 호흡 속도를 파악하고 조금 더 편안하게 호흡할 수 있도록 고객 호흡에 맞춰 더욱더 깊은 호흡을 유도하고 피부관리사가 고객의 호흡을 따라가야 효과적인 관리를 할 수 있다.

테크닉은 고객의 몸과 소통하는 것이다. 상담에서도 경험이 중요하듯, 테크닉에서도 고객의 몸에 귀 기울여 경청하는 것이 중요하다. 피부관리사가 하고 싶은 관리를 고객에게 끼워 맞추면 안 된다. 배운 것과 아는 것만 이용해 한정적으로 관리하려고 하면 실질적으로 할 수 있는 관리는 몇 개 안 된다.

고객의 문제를 숙지한 상태로, 고객의 몸에 집중하여 손으로 느껴지는 근육의 감촉을 극대화시켜라. 세심하게 고객을 관찰하고 고객에게 필요한 것을 놓치지 않고 지속적으로 몰입하며 관리를 이끌어가야 고객의 만족도와 결과 모두 성공으로 이끌 수 있다.

테크닉을 성공으로 이끄는 비결

테크닉을 이루는 중요한 세 가지 핵심 요소를 익혔다면 이제 테크닉을 성공으로 이끌기 위해서는 어떤 관점이 바뀌어야 하는지 알아보자. 이 새로운 관점을 통해 고객의 몸과 더욱더 소통하고 근육을 더욱 깊이 인지하길 바란다. 순수하게 고객을 위해 다음의 방법처럼 집중하여 테크닉을 한다면 피부관리 후 지금보다 훨씬 더 효과적인 결과를 볼 수 있다.

첫째, 테크닉 순서에 목매지 마라.

순서는 동작을 자연스럽게 연결하기 위한 하나의 예시일 뿐이다. 그 외에 의미는 없다. 하지만 초보자이든 경력이 10년 이상이든 모두 순서에 목맨다. 테크닉을 하는 목표보다 눈에 보이는 행위가 중요시되면 테크닉의 순서에 집착하게 된다. 테크닉을 하는 순서가 아니라 테크닉을 하는 원리와 방법을 익혀야 직접적인 결과가 있고 고객에게 말할 수 있는 테크닉이 나온다.

둘째, 눈을 감고 손에 느껴지는 촉감에 집중하라.

교육생들에게 테크닉을 가르칠 때 가장 먼저 눈을 감고 근육을 느끼는 법을 알려준다. 무의식적으로 눈에 보이는 것에 의존하게 되면 교육 후 혼자서 고객의 몸에 테크닉을 할 때 근육을 잘 느끼지 못한다. 그러면 불안한 마음에 눈에 보이는 행위에 집중하게 되고 피부관리는 고객의 문제를 해결하는 것보다는 보여지는 것에 초점을 맞추게 된다. 즉 보여지는 행위가 중점이 된다. 고객은 관리 후 직접적으로 느껴지는 것이 없으니 자연스럽게 피부관리에 큰 가치를 두지 않는다. 이런 악순환에서 벗어나려면 스스로 근육을 인지하고 근육 뭉침에 대한 느낌을 명확하게 파악해야 한다.

손에서 느껴지는 감촉을 토대로 확신을 갖고 테크닉을 배워가야 테크닉에 대한 구체적인 목표를 세울 수 있다. 구체적인 테크닉에 대한 목표를 세우고, 직접 근육을 풀어보고, 1회 관리만으로도 근육을 풀면 확실한 결과가 있다는 것을 직접 눈으로 보고 느끼는 과정을 반복하다 보면 자연스럽게 테크닉에 대한 확신이 생긴다.

셋째, 고객에게 확신을 전하라.

테크닉에 대한 분명한 확신이 있어야 상담에서 고객에게 피부관리에 대한 확신을 전할 수 있다. 고객은 피부관리사에게 확신을 원하고 자신의 피부를 믿고 맡길 피부관리사를 원한다. 하지만 대부분의 피부관리사들은 자신의 테크닉과 피부관리에 대해 설명하는 것을 어려워한다. 그로 인해 신규 고객을 상담하고 기존 고객을 재티케팅하게 하는 것을 두려워한다.

테크닉의 원리를 고객에게 설명하고 근육을 풀면 어떤 변화가 일어나는지 정확하게 예측하고 고객에게 전달한다면 고객은 피부관리의 필요성을 확실히 깨닫고 피부관리사에 대한 신뢰관계가 두터워진다.

고객에게 확신을 전달할 수 있다면 신규 상담에서도 재티케팅 상담에서도 고객은 피부관리사를 믿고 따라올 것이다. 피부관리사가 고객에게 테크닉에 대한 확신만 준다면 자연스럽게 티케팅으로 연결된다. 고객과의 상담을 통해 테크닉의 과정과 받고 난 후 어떤 변화가 있는지 자신 있게 설명하라. 이 방법은 지금껏 스스로가 피부 문제를 얼마나 효과적으로 해결했느냐에 따라 확신의 강도가 달라진다.

고객이 효과를 느끼는 관리를 하라

효과 있는 피부관리는 다르다

단 1회 관리만으로도 효과를 확실하게 내고 싶다면 피부관리에 들어가기 전에 구체적인 고객관리의 목표를 세워라. 목표가 관리의 기준이 되기 때문이다. 뚜렷한 목표 없이 관리를 한다면 관리를 하는 사람도 받는 사람도 어떤 것에 초점을 맞춰야 할지 모른다. 목표가 있느냐 없느냐에 따라 받는 사람의 만족도가 크게 달라진다. 기준 없이 관리를 했다면 무엇이 달라졌는지 알기 힘들기 때문에 자칫 관리가 의미 없게 느껴질 수 있다. 따라서 피부관리에 명확한 목표가 없다면 관리의 초점이 자연스럽게 제품으로 옮겨간다.

피부관리사 스스로 피드백을 한다는 입장에서도 차이가 있다.

목표가 있는 피부관리사는 자신이 어떤 근육을 자극할지, 이 근육을 풀고 나서 어떤 효과가 있을지를 고민하고 관리에 들어간다. 그렇게 했음에도 개선점이 보이지 않는다면 관리의 방향성을 전환하여 처음 목표를 세운 지점까지 도달시켜라.

고객관리 목표를 세우자

고객을 관리할 때 다음 다섯 단계를 순서대로 따라가기만 한다면, 단 한 번의 피부관리만으로도 큰 효과를 볼 수 있다.

1단계는 촉진하기다.

테크닉에 들어가기 전에 먼저 고객의 몸 상태를 촉진하는 단계다. 근육을 만져보고 고객의 몸을 파악한다. 어디가 가장 안 좋은지, 어디를 풀어야 근본적으로 고객이 원하는 문제를 해결할 수 있는지 생각한다. 고객이 원하는 피부관리의 목표와 고객의 몸 상태를 연결시킨다. 연관성을 찾고 고객이 원하는 목표에 도달하려면 어느 부위를 먼저 풀어야 할지 머릿속으로 테크닉의 방향성을 그린다.

2단계는 고객에게 견해를 전하고 소통하는 것이다.

피부관리사로서 느낀 소견을 고객에게 전달하는 단계다. 느낌을 그대로 전달하는 것이 가장 중요하다. 고객에게 자신이 느낀 것이 맞는지 확인하라. 이를 토대로 일상생활에서 느낄 만한 불편함을 고객에게 물어보라. 불편함이 없다고 대답한다면, 고객이 문제를 인식하지 못하고 있다는 것이다. 그럴 경우 조금 더 고객이 이해하기 쉽게 일상생활에서 흔히 느낄 수 있는 구체적인 증상으로 한 번 더 질문하라. 비슷한 증상은 없었는지, 그로 인한 불편함은 없는지 묻는 게 일반적인 방법이다.

고객의 입에서 나온 대답을 토대로 다시 한 번 근육과 몸을 촉진하라. 한 주간 컨디션은 어땠는지 물어보고, 지금 촉진한 근육을 토대로 일어날 수 있는 트러블 증상들을 말하라. 고객에게 무엇이 문제인지와 피부관리를 통해 어떤 점을 개선할 것인지를 전달할수록 관리가 명확해지고 피부관리의 만족도가 높아진다.

3단계는 구체적인 테크닉의 목표를 정하는 것이다.

실질적으로 풀어야 할 목표 근육을 만져보고 테크닉의 방향을 정하는 단계다. 목표를 너무 높게 잡으면 실패할 수밖에 없으므로 주의한다. 부위가 구체적이지 않으면 테크닉을 제대로 할 수 없다는 것도 잊어선 안 된다. 구체적으로 한 부위를 명확하게 정하라.

오늘 어떤 근육을 관리할지 구체적으로 정했다면, 이 관리를 통해 어떤 결과가 있는지 계획하라. 관리에 들어가기 전에 시간을 내서 고객에게 설명하면서 목표를 공유하는 것도 잊어서는 안 된다.

4단계는 관리 목표를 토대로 테크닉을 진행하는 것이다.

정한 목표를 토대로 테크닉을 진행하는 단계다. 이때는 고객 몸에 몰입하는 것을 잊어선 안 된다. 집중하고 또 집중하며 고객의 몸에서 보내는 신호를 점검하며 테크닉에 들어간다면 근육이 더욱 분명하게 느껴진다. 무작정 먼저 손이 나가지 않도록 하는 데에도 주의해야 한다. 테크닉에 들어가기 전에 목표를 다시 떠올리고 이를 이루기 위해 어떻게 해야 할지를 고민하라. 마사지를 하는 행위에 초점을 두지 말고 고객 몸의 문제를 해결하는 것에 중점을 둬야 한다. 고객이 오로지 자신의 문제 부위에 집중할 수 있는 환경을 조성하라.

5단계는 관리가 끝난 후 디테일하게 상담을 하는 것이다.

이제 테크닉의 결과를 알아볼 때다. 고객에게 오늘 어떤 관리에 들어갔고 이 관리를 통해 어떤 문제점이 해결되었는지 전달하라. 테크닉을 통해 해결된 문제점이 고객 일상에 직접적으로 어떤 영향을 끼칠지 자세히 말한다면 고객이 피부관리를 생각하는 가치가 더욱 높아진다.

마지막으로 고객이 다음 관리까지 지켜야 할 사항을 한 번 더 전달하라. 다음 주 관리는 어떤 관리에 들어갈 것이고 어떻게 좋아질 것인지 전달하면, 고객은 피부관리에 대한 필요성을 분명하게 느낀다.

처음부터 고객관리 목표를 세우기란 쉽지 않다. 목표를 세우는 습관이 부족하다면 더더욱 어렵다. 목표를 어디서부터 어떻게 잡아야 할지 막막하고 확신도 없다. '고객에게 피부관리를 통해 이런 부분이 바뀔 것이라고 장담했는데 안 되면 어떡하지' 하는 불안함도 있을 것이다. 하지만 이런 생각을 하면 고객의 몸에 몰입하지 못한다. 특히 테크닉을 하는 중이라면 더더욱 주의해야 할 사항이다.

어려운 것은 당연하다. 처음이니까 당연히 어렵다. 아직 훈련되지 않아 불안하고 막막한 마음이 들 수밖에 없다. 어렵고 힘들고 확신이 들지 않는 감정에 휘둘리지 말고 자연스럽게 받아들여라. 지금 시작하지 않으면 나중에는 더 힘들어진다. 지금부터 당장 고객관리의 목표를 세워라.

테크닉 효과는 보고 싶고 상담도 멋들어지게 잘하고 싶은데 두려움, 막막함, 귀찮음을 이겨내지 않겠다는 것은 어림도 없는 소리다. 부족해도 괜찮다. 눈 한번 딱 질끈 감고 시작한다면 1개월 뒤, 1년 뒤에 고객관리 목표에 도전한 자신에게 감사할 것이다.

확신하면 성장한다

다음은 여러 교육생들이 고객관리 목표를 세우고 지키면서 달라진 점이다. 이런 변화를 인식하고 스스로에게 동기를 부여해보자.

수많은 원장님들이 목표 세우기 단계에서 많은 좌절을 겪었다. 목표를 자꾸 추상적으로 세우고, 테크닉을 하는 도중에 몰입이 끊기고, 고객에게 설명할 때 자신에게 집중하지 못하고 자꾸 고객 눈치를 보며 말도 버벅거리고, 혹여 피부관리 후 결과가 없으면 어떡하나 두려워했다. 하지만 이 과정을 해쳐나가면서 공통적으로 깨닫는

| 고객관리 목표 설정과 이행에 따른 변화 |

목표를 구체적으로 세움으로써 자신이 어떤 피부관리를 하는지 명확히 알게 된다.
1회 관리로 어떤 변화가 나타나는지 확실히 인지할 수 있다.
만약 자신의 피부관리 방법이 잘못되었다면 인지하고 개선할 수 있다.
기존의 고객 상담과 달리 고객에게 전달할 말이 생긴다.
신규 상담에서 비슷한 케이스의 성공 사례를 구체적으로 말할 수 있다.
고객이 피부관리의 필요성을 스스로 느낀다.
기존 고객의 재티케팅이 자연스럽게 이어진다.

것이 있다. 목표 세우기를 하면 할수록 나 자신에 대한 확신이 쌓인다는 것이다. 교육과정을 통해서 목표를 세우고 성취해나가는 재미를 알게 된다.

많은 교육생들이 마지막 수업 때 교육을 통해 인간적인 성장을 이뤘다고 말한다. 살면서 가장 의미 있는 시간이었다고 말한다. 확신이라고는 눈곱만큼도 찾아볼 수 없었던 교육생도 마지막 수업에서 확신에 차서 말한다. 그렇게 확신할 수 있었던 이유는 도전하고 실패하고 다시 일어서고 목표를 달성하고 성공하는 과정을 통해 피부관리사로서 인간으로서 성장을 이뤘기 때문이다.

고객관리가 어렵고 상담에서 무슨 말을 해야 할지 몰랐던 교육생도, 테크닉에 대한 확신과 결과가 부족했던 교육생도 분명한 고객관리를 통해 성공을 이뤘다. 이 책을 읽는 당신도 5단계를 계속해서 밟아나간다면 분명히 좋은 성과를 이룰 수 있다고 확신한다.

고객이 원하는 맞춤 상담을 하라

"여기 얼마예요?"

피부관리실에 오는 고객은 문을 열고 얼굴을 빼꼼 내밀며 "여기 얼마예요?"라고 묻는다. 가격을 얘기하면, "네" 혹은 "다음에 올게요"라고 말하며 고객은 그대로 돌아간다. 역시나 다음에 오지 않는다. 피부관리의 가격을 물어봐서 가격에 대해 답해준 것뿐인데, 참 허탈한 기분이 든다. 무엇이 잘못되었나 곱씹어봐도 쉽게 답은 나오지 않아 그저 고객 탓만 하기 바쁘다. 또는 머릿속에서 '요즘이 불경기라서……'라는 생각만 되풀이된다. 피부관리사에게 가장 어려운 질문, "여기 얼마예요?"라는 질문에 어떤 답변을 해야 고객을 놓치지 않고 티케팅으로까지 이끌 수 있을까?

내면의 이유를 찾아라

고객의 표면적 질문에 표면적 답변을 한다면 상담은 실패한다. 겉으로 보기에 고객은 비용을 묻고 있지만 비용'만' 이야기한다면 상담은 그 즉시 종료된다. 고객이 프로그램에 대해 질문을 하면 프로그램에 대해 형식적으로 설명하는 것이 아니라 고객에게 무엇이 필요한지, 피부관리를 '왜' 받고 싶은지를 먼저 물어봐야 한다.

피부관리사는 고객을 궁금해해야 한다. 왜 피부관리를 받고 싶은지, 무엇을 개선시키고 싶은지 구체적으로 질문을 하라. 그렇게 해야 고객도 상담에 흥미가 생기고 피부관리사에 대한 믿음이 생긴다. 고객이 피부관리실에 온 이유를 순수하게 궁금해한다면 고객은 더 이상 금액만 물어보고 떠나지 않는다.

어떤 말을 해야 고객을 사로잡을 수 있을까? 고객의 흥미를 끌고 말 한마디로 고객을 사로잡는 방법은 무엇일까?

첫째, 고객은 문제점을 찾아주기를 바란다.

고객은 자신의 문제점을 찾아주길 바란다. 고객도 자신의 문제가 무엇인지 정확히 알지 못한 채 매장을 방문한다. 우리가 헤어숍에 갈 때도 자신이 원하는 스타일을 정확히 알고 방문하는 것이 아니라 막연한 기대감을 품고 가는 것처럼, 피부관리를 받으러 가는 고객도 피부관리실에 방문만 하면 자신에게 딱 맞는 피부관리를 받을 수 있고 아름다워질 것이라는 기대감을 품고 방문한다.

피부관리실에 방문만 하면 피부관리사가 알아서 자신의 문제점을 파악하고, 알아서 자신에게 딱 맞게 피부관리를 해주어 아름다워지기를 기대한다. 이것이 피부관리실을 찾은 고객의 심리이고 피부관리사에게 바라는 서비스다.

고객은 이런 마음에서 피부관리실을 방문하는데, 어떻게 말문을 터야 할지 몰라 그저 형식적으로 비용을 묻는 것이다. "여기 1회에 얼마예요?"와 "프로그램이 어떻게 돼요?"라고 물을 때는 '피부관리사가 알아서 해주겠지' 하는 마음으로 질문을 하는 것이다. 하지만 돌아오는 답변은 금액뿐……. 고객은 '내가 생각한 것은 이게 아닌데' 하며 실망감을 안고 돌아선다.

피부관리사는 무엇보다 고객의 질문에 내재된 의미를 파악해야 한다. 고객은 피부관리사가 자신의 문제를 좀 더 궁금해했으면 한다. 자신의 가려운 부분을 긁어주었으면 한다. 고객의 말을 곧이곧대로 받아들이지 말고 고객의 말에 숨은 의도를 파악하라. 고객의 말에 숨은 의도를 파악하고 답을 한다면 그 자리에서 바로 티케팅까지 이어질 것이라 확신한다.

둘째, 형식적인 매뉴얼로 답하면 고객은 떠나간다.

고객의 질문에 문제점을 찾지 못하고 매뉴얼대로만 답한다면 상담은 실패한다. 고객이 피부관리실에 추상적인 문제를 들고 온다면 문제의 실마리를 풀어 고객의 문제를 구체화시키는 것이 피부관리사가 해야 할 일이자 고객이 피부관리사에게 원하는 일이다. 고객과 소통하며 고객의 기대치가 분명한 피부관리 목표를 설정하고 기대 효과를 전망하는 단계까지 끌어올려야 상담은 성공한다.

진심 어린 소통을 하라

고객은 소통을 원한다. 자신의 말을 진심으로 경청해주길 원하고 자신의 문제에 대해 직접적인 해결 방안을 말해주길 원한다. 그렇기 때문에 고객의 불편함을 경청하는 것은 상담에서 중요한 요소다. 피부관리사는 고객과 소통하는 과정을 통해 문제를 해결해나가야 한다. 고객은 스스로 해결법을 잘 몰라서 피부관리실을 찾아온 것이다. 고객에게 필요한 상담을 하라. 고객의 질문 의도를 명확하게 파악하고 명쾌한 답변을 줄 수 있다면, 모든 고객이 원하는 상담을 할 수 있을 것이다. 진심 어린 소통의 방법은 여러 가지일 수 있으나, 대표적으로 다음의 몇 가지를 제안하고 싶다.

첫째, 일방적인 소통방법은 고객을 떠나게 한다.

고객은 일방적인 정보를 주입받기 위해 상담을 하는 것이 아니다. 만약 그런 목적이라면 본인의 취향에 맞는 유튜브를 보거나 책을 찾아볼 것이다. 고객이 피부관리사에게 바라는 것은 자신의 말을 진심으로 경청하고 자신의 문제에 대한 해결 방안을 찾고 자신을 이끌어주는 것이다.

일방적으로 정보를 전달하는 방식이라면 고객은 피부관리사의 말에 몰입하지 않는다. 고객은 상담을 할 때조차 자신의 이야기를 진정으로 들으려 하지 않고, 궁금한 것을 물어보면 교묘하게 다른 대답을 내놓는 피부관리사를 무의식적으로 믿지 않게 된다. 상담에서 피부관리사가 자신의 문제점을 파악하고 해결하지 못했다면 어차피 피부관리를 받아도 해결되지 않는다고 무의식적으로 생각하기 때문이다. 결과적으로 이런 고객의 판단은 맞다. 일방적인 정보전달은 정해진 프로그램에 고객을 끼워 맞추는 행위다.

고객의 문제를 해결하려면 고객의 말을 경청하는 것부터 시작한다. 고객의 잘못된 습관을 찾아내고 불편한 부분을 직접적으로 끄집어내고 그 사람에 맞는 실질적인 해결 방법을 제시해야 한다. 결국 피부관리사로서 고객관리를 하고 돈을 벌고 싶다면 고객이 겪고 있는 피부 문제를 해결할 수 있어야 한다.

고객 문제의 실마리를 찾으려면 고객의 말을 경청하라. 다시 한번 반복해 말하지만, 고객의 문제 해결 과정에서 핵심은 고객의 말을 경청하는 것이다. 고객과의 상담이 잘 이루어지지 않는다면 피부관리는 실패했다고 봐도 무방하다. 상담을 통해 고객의 문제를 찾아야 하고 고객이 피부관리를 받는 목적을 명확히 파악해야 한다. 고객이 겪는 문제를 깊이 생각하고 구체적인 해결 방안을 전달하면 그때서야 고객은 피부관리사에 대한 믿음과 신뢰가 생긴다. 이때부터 상담에 불이 붙기 시작한다. 그때부터 고객의 입에서 나오는 이야기들이 '진짜 고객이 겪고 있는 문제들'이다. 고객의 입에서 속사포처럼 쏟아져나오는 말들을 경청하고 기억하며 고객의 문제에 대해 세부적으로 접근하라.

둘째, 고객의 불편함에 대해 경청하고 공감하라.

고객의 불편함을 들어주는 것도 중요한 요소다. 고객의 말을 들으면서 '왜 이 고객은 이런 불편함을 겪을까?', '이 문제는 왜 발생한 것일까?'를 생각하며 순수한 의도로 고객의 말을 깊이 생각하며 경청하라. 고객의 이야기는 앞으로 진행될 피부 관리의 방향성을 결정한다.

고객은 상담을 통해서 무의식 중으로 단서를 흘린다. 이 단서를 분명히 파악해 문제를 찾아내고, 그 문제에 해당하는 증상들을 고객 스스로 말하게끔 하라. 고객은 항상 신호를 보내는데 피부관리사는 대충 흘려듣는 경우가 많다. 고객의 말을 경청하지 않고 자신이 준비한 말을 하기에 바쁜 것이다.

테크닉을 아무리 잘해도 고객이 필요성을 느끼지 못한다면 피부관리를 하는 의미가 사라진다. 고객의 말을 대충 흘려듣는 것이 아니라 고객에 대해 더 궁금해하고 질문해야 한다. 고객의 입에서 좀 더 핵심적인 말이 나올 수 있도록 이끌어라.

고객의 이야기를 충분히 들어주고 공감하고 더 좋은 이야기가 나올 수 있도록 분위기를 이끄는 과정에서 피부관리사에 대한 신뢰관계가 형성된다. 설사 피부관리의 결과가 잘 나오지 않더라도 이 사람이라면 자신의 말을 잘 들어주고 자신의 입장에 공감해준다면 앞으로 문제를 잘 해결할 수 있으리라는 믿음이 생긴다.

고객의 이야기를 충분히 들어주는 것만으로도 상담은 성공했다고 볼 수 있다. 하지만 상담의 주제가 고객이 겪는 문제점에서 벗어났다면 다시 원점으로 돌아가 문제점에 대해 이야기해야 한다. 대화의 주제가 피부관리를 벗어난다면 그 상담은 실패한다. 상담의 주제는 명확하되 고객의 이야기를 순수한 의도로 진중하게 듣고 피부관리의 방향성을 제시한다면 상담은 분명히 성공한다.

셋째, 질문의 숨은 의도를 명확하게 파악하라.

고객이 질문을 하면 질문의 의도를 확실하게 파악하라. 피부관리사뿐만이 아니라 일상생활에서도 흔히 볼 수 있는 문제다. 질문을 하면, 상대방이 질문에 대해 정확히 말하기보다는 애매하게 답변하는 상황이다. 질문자는 뭔가 대답을 들었지만 시원하지 않아서 다시 질문을 하는데 돌아오는 대답도 처음과 엇비슷하다. 몇 번 이런 과정이 반복되면 더 이상 질문을 하지 않게 된다. 이 사람에게 질문을 해봤자 자신이 원하는 답을 듣지 못할 것을 알기 때문이다.

상담에서 말을 많이 하는 것은 중요하지 않다. 고객의 가려운 부분을 확실하게 긁어주는 것이 상담의 핵심이다. 그러기 위해서는 고객의 질문을 쉽게 생각하고 답하면 안 된다. 질문하는 의도를 명확하게 파악하고 그에 맞는 답을 제시해야 한다. 즉각 대답하지 않아도 된다. 고객의 질문에 충분히 생각을 하고 대답하라.

답을 모를 경우 교묘하게 다른 말로 돌려버리거나 다른 대답을 하는 경우가 많다. 그럴 경우 피부관리사에 대한 고객의 믿음이 깨진다. 고객의 입장에서는 자신의 질문에도 확실한 답을 주지 못하는데 '이 사람에게 피부관리를 받는다 한들 어떻게 효과를 보겠어' 하고 자연스럽게 생각하게 된다. 상담에서는 겉으로 보기에는 별 문제가 없지만, 결국 고객은 어색하게 웃으며 "좀 더 생각해볼게요" 라며 떠나가는 것이다.

고객이 하는 질문의 의도를 확실하게 파악하고 그에 맞는 답변을 분명히 한다면, 고객은 피부관리사에게 마음의 문을 열 것이다. 고객은 생각보다 피부관리사에게 화려한 언변, 값비싼 제품, 박식한 지식같이 거창한 것을 바라지 않는다. 고객이 피부관리사에게 바라는 것은 자신을 위한 진심 어린 말과 자신에게 한 약속을 지키는 책임감이다.

상담하는 사람과 상담받는 사람의 입장 차이를 가늠하라

주기적으로 자신과 고객의 상담을 모니터링할 필요도 있다. 고객과의 상담을 녹음해뒀다가 다시 들어보아도 좋고, 지인에게 상담 파트너를 부탁해 상담 과정을 영상으로 찍어서 살펴보는 것도 좋다.

고객이 느끼기에 나는 고객과 소통을 얼마나 하는 사람인가, 나는 고객의 이야기에 경청하는가, 내 위주로 상담을 이끌어가지 않는가, 고객이 원하고 필요한 것을 분명하게 파악하는가를 파악해보자. 주기적으로 상담을 받는 사람의 입장이 되어야 고객들의 입장을 이해할 수 있다. 머리로 이해한다고 이해되는 것이 아니다. 직접 경험하며 마음으로 느끼고 자신의 문제를 개선해야 발전한다.

상담 전에 이 장을 주기적으로 읽는 것도 추천한다. 어쩌면 알고 있지만 잘 지켜지지 않는 내용도 있을 것이다. 우리는 고객을 이해하기 위해서 지속적으로 고객의 입장이 되는 연습을 해야 한다. 내가 고객을 이해하고 존중하는 만큼, 고객 또한 나를 이해하고 존중한다. 피부관리사와 고객의 관계에서 서로 존중하고 존중받는 선순환이 있기를 바란다.

고객과의 소통법을 바꾸면 매출이 바뀐다

고객과 소통하는 원리는 무엇일까?

메스떼 수료생인 채움 에스테틱 원장님은 고객 상담의 원리를 깨닫고 월 매출이 120만 원에서 960만 원으로 증가했다. 채움 에스테틱 이경희 원장님이 깨달은 고객소통 원리는 무엇이었을까? 교육 수료식에서 진행했던 인터뷰를 공개한다.

고객을 돈으로 보지 않으니까 돈을 벌 수 있게 되었어요. 예전에는 2만 원 관리를 했어요. 고객이 오면 10회 티케팅하기가 너무 힘들었어요. '이 사람이 10회 피케팅을 할까? 5만 원짜리 프로그램을 권할까? 10회에 20만 원인데 이 사람이 할까?' 이런 생각뿐이었어요. 그런데 지금 월 매출을 900만 원 넘게 올려요. 최근 단기간에 매출이 많았던 이유도 이런 생각들을 다 버리니까 된 것 같아요.

이 사람이 10회를 하면 내가 얼마를 벌 수 있는데…… 하는 생각을 모두 버리고, 그냥 제가 할 수 있는 것과 제가 고객에게 해줄 수 있는 것을 고객에게 이야기했습니다. 피부관리를 하는 도중에도 최선을 다했던 것 같아요. 그렇게 하다 보니까 매출을 올리는 것이 쉽더라고요.

고객을 내 기준으로 평가하고, 판단하지 않게 되었어요. 그러니까 티케팅이 되더라고요. 정말 교육을 받으며 모든 게 바뀌었는데, 저는 고객을 있는 그대로 바라볼 수 있게 된 것, 그래서 고객과 진솔하게 소통할 수 있다는 것이 배운 것 중에서 가장 가치 있는 것 같아요.

순수하게 소통하라

고객과의 관계도 인간관계다. 일반적인 인간관계와의 차이점은 나 자신이 고객을 이끌어주는 사람이라는 것이다. 불순한 의도를 품고 누군가를 만날 때를 생각해보라. 그 사람을 대하는 태도가 굉장히 어색해진다. 내 표정과 말투를 의식하게 되면서 말을 어떻게 해야 할지 알 수 없게 되고 심지어 숨 쉬는 것도 부자연스러워져서 행동이 어색해진다. 반대로 상대방이 나에게 어떤 의도를 품고 이야기를 한다면 본능적으로 석연치 않다는 것을 느끼고 상대방을 경계하게 된다.

고객관계도 마찬가지다. 고객에게 의도를 품고 접근한다면 고객은 그 사실을 무의식 중에 알게 된다. 나 자신도 고객을 대하는 것이 부자연스러워지고 행동 하나하나를 생각해서 행동하게 된다. 어떤 말을 해야 할지 모르는 상태가 되는 것이다. 이런 상황에 빠지면 일반적인 대화를 하지 못하게 된다.

고객에게 말을 잘 못한다는 생각이 들면 말하는 스킬을 대해 배우는 교육을 찾아다니게 된다. 하지만 그렇게 배우는 화법은 전부 의도가 있는 화법이기에, 더더욱 자연스럽게 말하는 능력을 잃게 되는 악순환에 빠지게 된다.

커리어에 대한 능력을 키우는 것이 아니라 고객에게 말하는 방법을 잊어버려서 말하는 방법을 돈을 내고 배운다니 안타까운 현상이다. 돈을 쓰지 않아도 고객과 잘 소통할 수 있다. 고객과 소통하는데 돈을 쓰는 것 자체가 기형적인 일이다. 채움 원장님의 인터뷰를 살펴보면 고객과 진정으로 소통하는 방법을 엿볼 수 있다. 지금부터 고객과 소통하는 방법을 살펴보자.

고객을 돈으로 생각하지 마라

고객과 소통하기 위해 가장 먼저 염두에 두어야 할 자세는 고객을 돈으로 보지 않는 것이다. 고객을 돈으로 보기 시작하면 자연스럽게 할 말이 없어진다. 고객을 있는 그대로 이해하려 한다면 고객과 자연스럽게 대화를 할 수 있다. 자신의 모습에 일일이 신경 쓰지 않더라도 말이다.

고객과 대화하는 자신의 모습을 의식하는 습관을 버리는 것부터 시작해야 한다. 의식하는 순간부터 모든 행동이 부자연스러워진다. 흡사 숨을 의식하고 쉬면 숨 쉬는 법을 잊어버리는 것처럼 고객을 돈으로 의식하기 시작하면 자연스럽게 말을 하는 방법도 잊어버리게 된다.

그럼 고객과 상담을 할 때 무슨 이야기를 해야 하는가? 정답은 '문제 해결'이다. 고객은 무엇 때문에 피부관리실에 방문했을까? 근본적으로 무엇을 해결하고 싶은가? 이런 것들을 궁금해야 한다.

고객이 피부관리실에 왜 왔는가, 내가 무엇을 해줄 수 있는가, 문제를 어디까지 해결할 수 있는가, 어떤 부분이 내가 해줄 수 있는 영역이고 어떤 부분을 고객과 같이 해결해나가야 할지 생각해야 한다. 그리고 고객에게 진정으로 조언해주고 고객의 문제를 해결하기 위해 앞장서야 한다. 이것이 고객과 상담하는 방법이다.

또한 고객과의 관계에서는 의도가 순수해야 한다. 순수하게 소통할 생각이 없다면 고객도 피부관리사에게 시간과 기회를 주지 않을 것이다. 고객이 자신의 이야기를 들어주지 않는다고 불평하기 전에 고객의 이야기를 진솔하게 들어주는 것이 선행되어야 한다. 뭔가를 '팔아야겠다'고 생각하고 상담을 한다면 자연스럽게 고객도 그 생각을 느낄 것이고, 결과적으로 방어적으로 나오게 되며, 결국 형식적인 상담에서 그치게 된다.

'어, 저 사람은 5만 원 정도 관리받을 수 있겠다', '이 사람은 7만 원 관리도 될 것 같은데'와 같이 고객의 겉모습을 보고 평가하여 상담에 들어가는 사례가 많다. 있는 그대로 고객을 바라봐야 고객에게 필요한 것이 보인다.

겉모습만 보고 고객의 니즈를 판단하지 마라

고객마다 각기 원하는 것이 다르다. 고객의 니즈는 겉모습으로 판단해서는 안 되며 자세한 상담 없이 고객의 니즈를 피부관리사의 주관으로 속단하는 것은 위험한 행동이다.

고객이 필요로 하는 것과 중요하게 여기는 가치는 고객마다 모두 다르다. 그런 점에서 고객이 원하는 가치를 무시하고 자신만의 잣대로 앞으로의 관리를 진행하는 것은 무책임하다.

무엇보다도 고객의 외적인 모습만 보고 피부관리로 바로 연결짓지 않아야 한다는 것이다. 화려한 외모를 가진 사람은 당연히 미용에 관심이 있을 것이라 생각하고 윤곽관리를 추천한다거나, 나이대가 높아 보인다고 노화예방관리를 추천하는 것은 어리석은 행동이다.

고객을 이끌어주는 것과 고객의 가치를 무시하는 것은 전혀 다르다. 고객이 중요하다고 생각하는 피부의 가치를 피부관리사가 판단해서 강요하지 않아야 한다. 고객의 생각을 중요시 여기되, 피부관리사가 판단했을 때 꼭 필요한 관리는 고객의 생각을 해치지 않는

선에서 진행되어야 한다.

미리 정해진 질문과 답에 고객을 끼워 넣지 마라. 그럴 경우 고객의 질문이 예상 질문에 벗어나면 당황하거나 질문의 틀에서 조금만 벗어나도 답을 하지 못하게 된다. 그러다 보면 점차 말하는 것 자체가 버거워진다. 이런 객관식 시험문제를 풀 때처럼 예산 정답을 달달 외워서 말하는 상담은 오히려 독이 될 뿐이다. 고객을 판단하지 말고 소통하며 상담을 한다면 지금보다 훨씬 더 여유를 가질 수 있을 것이며, 고객도 피부관리사를 믿고 진솔하게 상담에 임할 것이다.

고객과 대화할 주제를 정해두고 단계별로 몰입시켜라

고객을 명확히 이해하는 게 먼저다

비즈니스에는 고객을 한 번만 만나면 끝나는 비즈니스와 그렇지 않은 비즈니스가 있다. 피부관리는 이 중에서 지속적으로 고객관계를 맺어야 하는 비즈니스에 속한다. 지속적인 관계를 맺기 위해서는 고객관계에 대한 명확한 이해가 선행되어야 한다. 고객에 대한 이해와 개념이 잘 자리 잡지 않은 상태에서 무작정 고객을 대한다면 고객을 만날 때마다 힘들고 진이 빠진다. 고객이 어떤 것을 진짜로 원하는지 모르기 때문에, 고객이 요청하는 사항을 모두 들어줘야 한다는 결론에 빠지고 요청 사항을 어디까지 수용해야 하는지 혼란이 생긴다.

고객을 처음 만났을 때부터 마지막 관리까지 고객을 이해하고 또 이해시켜야 한다. 고객이 어떤 상태인지 이해하고, 피부관리가 어떤 가치를 제공하는지 이해시켜라. 이런 과정 속에서 고객은 피부관리에 몰입하게 된다.

첫 만남에서 앞으로의 피부관리가 결정된다

첫 만남에서 고객에게 어떻게 말하고 행동하느냐에 따라 앞으로의 피부관리가 결정된다. 피부관리와 피부관리사에 대해 어떻게 인식시키느냐에 따라 고객은 피부관리사를 의사처럼 여기며 잘 따를 수도 있고, 아니면 그저 허드렛일을 하는 사람을 대하듯 무시하며 무리한 요구를 할 수도 있다. 그럼 어떻게 해야 고객을 첫 만남부터 몰입시킬 수 있는지 알아보자.

첫째, 고객에게 피부관리를 이해시켜라.

피부에 관해 잘 모르는 사람도 자신에게 맞는 피부관리를 받을 수 있게 해주는 것이 피부관리사의 일이다. 대부분의 고객은 피부관리를 받는다는 사실만 알 뿐, 어떤 원리로 어떤 효과가 생기는지 잘 모른다. 첫 대면에서 고객에게 피부관리에 대한 이해를 시켜야 티케팅에 성공할 수 있다. 또한 고객의 피부관리에 대한 이해와 몰입도가 높아진다.

반면, 고객에게 피부관리에 대한 설명과 충분히 이해시키는 과정을 생략한다면 고객의 몸은 무의식적으로 방어기제를 펼친다. 고객의 입장에서는 처음 보는 사람에게 자신의 몸을 맡기는 것이기 때문이다. 일면식도 없던 사람 앞에서 가운을 입고 무방비 상태가 되는 것이다. 당연히 긴장할 수밖에 없다. 관리 시작 전에 고객의 긴장을 풀어주는 것, 피부관리에 대해 설명을 하는 것은 피부관리사라면 꼭 숙지해야 하는 사항이다.

둘째, 피부관리의 경계를 명확히 하라.

피부관리실은 어떤 곳인지, 고객의 문제를 어떻게 해결해주는 곳인지를 고객의 눈높이에 맞춰 설명을 해야 한다.

일반적으로 사람들은 앞으로 자신이 겪을 일에 대해 이야기할 때 가장 몰입한다. 고객은 어떻게 피부관리를 하는지, 이 관리를 통해서 어떤 변화가 일어나는지 등 궁금한 것이 많다. 고객은 자신이 할 일은 그냥 가만히 누워 있으면 되는 것인지, 피부관리를 받고 나면 피부가 뚝딱 좋아지는 것인지를 알지 못한다. 다만 피부관리에 대한 환상만 있을 뿐이다.

고객이 피부관리에 생각하는 피부관리와 피부관리사가 생각하는 피부관리가 다르다면 자연스럽게 불만이 생길 수밖에 없다. 피부관리의 경계가 명확하지 못한다면 피부관리사는 티케팅을 하더라도 그 고객을 관리하기 힘들어진다.

고객의 요구는 점점 늘어난다. 피부관리사 스스로도 어디까지 고객의 요구를 들어주어야 하는지 혼란이 생긴다. 이런 혼란을 막기 위해서는 고객과의 첫 대면에 대비하라. 고객과의 첫 대면은 앞으로의 고객관계를 결정하는 중요한 과정이다. 고객에게 첫 대면에서 피부관리에 대한 이해를 시키고 피부관리사의 역할을 고객에게 분명하게 전달한다면 앞으로 고객관리는 어렵지 않다.

고객과의 상담이 어려운 두 가지 이유

신규 고객은 신규 고객 나름대로 상담하기 어렵다. 기존 고객은 기존 고객대로 상담하기 어렵다. 상담이 어려운 이유는 두 가지 이유가 있다. 고객에게 무슨 말을 해야 할지 모르겠다는 것과 고객에게 할 말이 없다는 것이다. 상담을 할 때 고객에게 무슨 말을 해야 하며 어떤 말을 전달해야 고객이 피부관리사에게 몰입하는지 알아보자.

피부관리사들이 털어놓는 가장 최우선의 고충은 고객에게 무슨 말을 해야 할지 모르겠다는 것이다. 이 말은 고객과의 관계에 대한 개념이 명확히 자리 잡지 않았음을 의미한다. 고객과 자신의 관계에 대한 개념이 잡혀 있지 않다면 고객에게 무슨 말을 해야 하는 건지, 고객에게 어디까지 말해도 되는 건지 도무지 감이 잡히지 않을 것이다.

고객과 피부관리사의 관계는 헬스 트레이너와 PT를 받는 회원의 관계와 비슷하다. 능력 있는 트레이너는 고객이 PT를 받는 동안에 운동에 집중할 수 있는 환경을 만든다. 고객의 집중력이 흐트러지면 다시 집중할 수 있도록 환기시킨다. 한 운동에서 다음 운동으로 넘어갈 때마다 해당 운동의 팁을 알려준다. 그래도 비는 시간이 있다면 어떻게 해야 근력이 강화되고 다이어트에 도움이 되는지 지속적으로 지식을 전달하며 PT 시간을 채워나간다.

반대로 능력이 없는 트레이너의 경우는 고객을 의식하고 눈치를 보기 급급하다. PT를 하는 시간에 고객에 대한 생각보다 자신이 받을 평가에 집중하며 그 불안함을 감정노동으로 채운다.

피부관리실도 마찬가지다. 피부관리를 하는 시간 동안 고객 눈치를 보며 감정을 맞춰주는 것이 아니라 고객이 피부관리를 통해 최대한의 효과가 나타날 수 있도록 고객의 피부와 몸에 지속적인 집중을 하며 피부관리를 이끌어가야 한다.

피부관리사는 고객의 문제를 파악하고 해결하는 사람이다. 문제해결이 되기까지 고객을 잘 이끌어야 한다. 어렵게 생각한다는 것 자체가 고객관계를 더욱 부자연스럽게 만들 것이다. 다음과 같은 주제로 이야기하면 고객과의 상담이 보다 수월할 것이다.

- 고객의 피부와 관련하여 궁금한 점을 해결하는 것과 궁금해할 만한 피부 이야기를 주제로 이야기 나누기
- 고객이 걱정하는 피부 문제에 대한 근본적인 원인 이야기하기
- 전체 트러블 과정 중 현재 고객이 겪고 있는 단계 알려드리기
- 고객과 비슷한 타 고객의 성공 사례 들려주기
- 지난주 약속한 피부 미션 확인하기

- 피부관리를 받고 난 후 변화에 대해 의견 나누기
- 오늘 피부관리를 통해 변화될 사항(기대 효과) 안내하기
- 고객이 한 주간 지켜야 할 약속 고지하기

두 번째 고충은 고객에게 할 말이 없다는 것이다. 고객에게 할 말이 없다는 것은 두 가지 경우를 뜻한다. 문제를 해결한 능력이 없거나 문제가 잘 해결되지 않는다는 것 또는 이 두 가지 경우를 동시에 겪고 있을 수도 있다. 이유는 몇 가지로 상정할 수 있다.

첫째, 지식이 부족한 경우다.

문제를 해결할 능력이 없다는 것은 지식이 부족하기 때문이다. 고객에게 무슨 문제가 있는지도 모르겠고 자신이 어떻게 해결해야 하는지도 모르겠다면 지식을 습득하는 수밖에 없다. 그것이 피부관리사의 일이다. 안 되면 될 때까지 배워야 한다. 문제를 해결하지 못한다면 피부관리사는 고객을 몰입시킬 수 없다.

둘째, 문제가 잘 해결되지 않는 경우다.

다시 말해, 문제는 알겠는데 어떻게 해야 할지 모르는 상황이다. 이럴 때일수록 고객과 많은 대화를 나누며 문제 해결에 대한 실마리를 찾아야 한다. 결과가 없다면 망설임 없이 관리의 방향을 틀어야 한다. 고객과 충분한 대화를 통해 전략을 세우고 다시 도전한다면 소통과 피부관리의 문제 모두 해결된다. 함께 문제를 해결했다

는 사실에 고객은 더욱 관리에 몰입한다.

이 두 가지 경우에 해당하지 않는데 고객에게 할 말이 없다면 무의식 중에 고객관계를 포기했을 수도 있다. 고객관리는 힘들다. 정말 많이 힘들다. 생각처럼 잘되지 않을 것이다. 상처도 많이 받고 종종 화도 난다. 하지만 그렇지 않은 인간관계가 어디 있겠는가. 상식이 통하지 않는 경우가 아니라면, 너무 힘들지 않다면 포기하지 말고 도전하라. 고객관계도 인간관계의 한 축이므로 배우는 것이 많다. 아픈 만큼 성장한다. 그 성장을 바탕으로 더 많은 고객들에게 깊이 있는 조언을 할 수 있다. 또한 한번 겪은 상황은 예방주사 역할을 해서 다음에 도움이 되기도 한다. 그런 의미에서 고객관리는 고객만을 위한 것이 아니라는 것을 잊지 말기를 바란다. 많이 부딪히고 도전한 만큼 자기 자신의 능력이 성장한다.

• • •

누구에게나 존경받는 프로가 되라

프로의 조건

누구나 고객에게 존경받는 프로 피부관리사가 되고 싶어 한다. 하지만 그렇게 되기 위한 조건은 갖추지 않은 채, 심지어는 어떤 조건을 갖춰야 하는지조차 모른 채 마냥 결과만 바라는 경우가 있다. 누구나 프로가 될 수 있다면, 그 사람을 프로라고 부르지 않을 것이다. 프로 피부관리사가 되려면 다음 두 가지 사항에 대한 개념을 확실히 갖고 있어야 한다. 그렇다면 프로가 되기 위한 조건은 무엇일까?

첫째, 문제 해결사가 되어라.

일에 대한 사명감은 고객의 신뢰도를 높이며, 이는 높은 매출로 이어진다. 아이러니하게도 돈을 벌려고 일을 하면 돈이 안 벌린다. 일에 대한 목적이 돈이 되는 순간부터 고객을 돈으로 생각하기 때문이다.

일에 대한 사명감을 갖고 스스로 자부심 있는 일을 해야 매출이 오른다. 피부관리사로서 일에 대한 사명감을 가져라. 고객의 문제를 해결해야겠다는 사명감, 고객의 문제를 해결하고 말겠다는 의지, 나 아니면 아무도 해결 못한다는 자부심, 문제가 해결될 때까지 파고드는 집요함을 보여라.

피부관리사는 고객의 문제 해결사가 되어야 한다. 고객의 문제를 해결하는 것에 자부심을 느끼고 일 자체에 만족감을 느껴라. 고객은 피부관리사가 어떤 마음가짐으로 일하는지 단번에 느낄 수 있다. 그저 할 수 있는 게 없어 사명감 없이 관리에 임하는 피부관리사와, 자신의 일에 사명감과 자부심을 갖고 있는 피부관리사 중 누구에게 피부관리를 받을 것인가?

둘째, 첫 순간부터 책임감을 가져라.

프로 피부관리사가 갖춰야 할 마음가짐 중 가장 중요한 것은 책임감이다. 다시 말해, 고객관계에 대한 책임감이다. 이 책임감은 고객을 처음 만난 순간부터 시작된다. 첫 상담에서 고객에게 한 말을 지키는 것, 티케팅을 했다고 해서 고객에게 신경을 덜 쓰지 않는 것, 피부관리를 하며 고객에게 집중하는 것, 고객의 문제를 해결하기 위한 마음가짐이 고객과의 관계에서 가장 중요한 핵심이다.

피부관리를 하다 보면 "단가 측정의 기준은 어떻게 잡아야 하나요?" 같은 질문을 많이 받는다. 피부관리의 단가는 피부관리사가 얼마나 책임감을 가지고 피부관리를 하느냐에 달려 있다.

고객의 문제를 얼마나 책임감을 가지고 임할 것인가, 얼마나 개선시킬 수 있는가, 만약 믿고 따랐는데 실패했을 경우 책임은 누가 지는가 하는 사항들이 피부관리 단가를 측정하는 기준이 될 수 있다.

저가의 관리라면 모든 일에 책임을 질 필요는 없다. 이 경우 고객도 피부관리사에게 크게 바라는 것이 없다. 딱 지불한 만큼의 값어치를 한다고 생각한다. 하지만 고가의 관리를 하고 싶다면, 고가의 관리를 하고 있다면, 고객에 대한 책임감을 져야 한다. 고가 관리를 받으러 온 고객에게 책임감 없는 모습을 보이는 순간 그 고객은 더 이상 피부관리실을 찾지 않게 된다.

진정성은 아무리 강조해도 지나치지 않다

매 교육 때마다 진정성에 대해 강조를 한다. 피부관리실에서 고객에게 어떤 마음으로 피부관리에 임해야 할까? 과연 진정성이란 무엇인가? 고객을 위한 마음만 있으면 진정성 있게 관리하는 것이 아닌가 하는 생각이 들 것이다. 고객이 피부관리사에게 바라는 것은 무엇일까? 피부관리사가 가져야 할 진정성에 대한 개념에 관하여 알아보자.

진정성이란 자신의 말에 책임을 지고 지키는 것이다. 고객의 문제를 해결하기 위해서는 전략이 필요하다. 전쟁에서 적들이 쳐들어오고 나서 뒤늦게 전략을 세우면 전쟁은 실패로 끝난다. 마찬가지로 고객이 오는 시간에 맞춰 전략을 세운다면 목표한 피부관리는 실패한다. 고객이 없는 시간에 자신의 시간을 투자하여 고객의 문제점을 해결하기 위한 방향을 정하고 전략을 세우는 것이 고객을 위한 진정성이다. 이 진정성은 선택의 개념이 아니다. 피부관리사라면 갖춰야 할 사명이다. 이 사명은 고객의 문제를 해결하고 역량 있는 피부관리사로 발돋움할 수 있게 한다. 고객에게 신뢰와 존경을 받을 수 있는 기회이기도 하다.

이런 과정들이 힘들고 벅차다면 상담에서 할 수 있는 것만 고객에게 담백하게 전달하라. 상담에서 가장 중요한 것은 진실함이다. 자신이 할 수 있는 것만 고객에게 전달하라. 자신의 능력 밖의 것을 전달한다면 고객을 속이고 기만하는 행위다. 스스로 돌아봤을 때 능력이 부족하다면 능력을 향상시키면 되는 일이다. 그리고 거짓말은 일에 대한 자존감을 떨어트리고 떨어진 자존감은 매출과 직결된다.

상담에 자꾸 실패한다면 실패한 상황을 돌이켜보는 과정도 필요하다. 내가 고객에게 이상적인 말만 하지 않았는지, 실행하지도 못할 것을 그저 고객을 잡기 위해 얘기하지는 않았는지, 실현될지 안될지 잘 모르는 것을 제품회사 직원의 말만 그대로 인용해서 고객에게 전달하지 않았는지 말이다.

상담은 현실적으로 고객에게 제공할 수 있는 것을 진솔하게 말하는 것부터 시작한다. 이상과 허상을 고객에게 전달하지 말고 자신이 직접 할 수 있는 것만 전달하라.

고객이 가지고 있는 원석을 다이아몬드로 가공하라

지금은 여성에게 아름다움을 강조하는 외모지상주의의 시대다. 아름답지 못하면 실패한 인생이라고 생각하는 사람까지 있을 정도로 아주 무서운 세상이다. 자연스럽게 고객들도 예뻐지고 싶어서 피부관리실에 찾아온다.

그런데 여기서 생각해볼 사항이 한 가지 있다. 여성의 가치는 아름다움에만 있는 것인가? 아니다. 사회적으로 정해놓은 미의 가치를 모든 사람이 따라갈 수 없고, 사람마다 어울리는 미의 기준도 모두 다르다. 무작정 고객을 사회적 미의 기준에 가두는 것은 멈춰야 한다. 사람마다 가지고 있는 개성과 본연의 색이 다르다. 피부관리사라면 고객이 가지고 있는 본연의 미에 집중해야 한다. 외적인 미와 내적인 미의 균형을 이루는 것에 힘써라. 고객의 컨디션 관리에 힘쓰고 좋은 에너지를 유지할 수 있도록 이끌어주는 역할을 해야 한다.

피부관리사라는 직업만큼은 고객에게 사회적 미의 기준을 강요하지 않았으면 한다. 사회적 압박으로 인해 많은 여성들은 보이지 않는 스트레스를 극심하게 받는다. 개개인의 고유한 가치에 집중하고 고객을 본연의 가치로 이끌어주는 것이 피부관리사라는 직업이 할 수 있는 가장 큰 업적이다. 고객의 본연의 아름다움과 내면의 가치에 집중하라. 고객에게 몰입하여 고객이 가지고 있는 원석을 다이아몬드로 가공하라. 고객의 가치를 발현시키고 성장시키는 만큼 피부관리사의 가치는 높아진다.

4장

현장에서 배우고 실전에서 써먹는 마케팅 노하우 7

3만 원도 아까운 관리와 10만 원도 아깝지 않은 관리

운영 기준을 세우자

별도의 매뉴얼도 없이 되는 대로 고객들을 응대하는 피부관리실이 많다. 하지만 기준 없이 막연한 응대의 끝은 감정노동인 경우가 대부분이다. 운영 기준이 없다면 그때그때 감정적으로 고객을 응대하게 되고, 급기야 매일 감정노동에 시달리게 되고, 고객의 말 한마디 한마디에 휘둘리게 된다.

감정노동으로 지치지 않기 위해선 체계적인 매뉴얼이 필요하다. 외부로부터 자신을 보호해주고, 불만을 제기하는 고객을 충성 고객으로 바꿀 수 있는 체계적인 매뉴얼을 갖춰보도록 하자.

3만 원도 아까운 피부관리실

나는 종종 피부관리실을 돌아다니며 문제점을 분석하곤 한다. 그중 강남역 근처에 위치한 한 피부관리실을 사례로 들어보겠다. 고객의 입장에서 상상하며 읽어보자.

피부관리실의 문은 열려 있는데, 응대하는 사람이 없다. 앞에 보이는 의자에 앉아 주변을 둘러본다. 인테리어에 돈을 쓰긴 쓴 것 같은데 뭔가 어색하다. 테이블은 정돈되어 있지 않고, 잡동사니가 널려 있다. 그 위에 쌓인 먼지를 보니 이 잡동사니들은 한동안 사용되지 않았음을 알 수 있다.

기다린 지 10분째 아무도 나를 응대하지 않는다. 10여 분이 지났을까. 관리사로 보이는 직원이 나와서 무슨 관리를 받으러 왔냐고 묻는다. 가장 저렴한 수분관리를 받기로 한다. 그러자 옷을 갈아입으라고 한다. 탈의실이 별도로 준비되어 있는 것이 아니라, 그냥 비어 있는 관리실에서 가운으로 옷을 갈아입는다. 아직 날이 따뜻하지 않아 관리실이 싸늘하게 느껴진다. 빈 관리실에 홀로 덩그러니 남겨진 느낌이 든다. 금방 온다는 말을 하고 사라진 피부관리사는 15분째 나타나지 않는다. 그냥 짐을 다시 싸서 피부관리실을 나가고 싶은 마음이 굴뚝같다.

덜그럭거리는 소리를 내며 웨건이 들어온다. 인사도 없이 소음을 내며 관리도구를 정리한다. 제품 세팅을 마치고서야 "수

분관리 받으시는 거 맞죠?" 하고 물어본다. 그 뒤 얼굴에 제품을 그냥 바른다. 아직 관리실이 따뜻하지 않아서 그런지 유독 차갑게 느껴진다. 눈 주위에 제품을 발라서 눈을 감게 되었는데, 눈을 감아서 그런지 여러 가지 소음이 잘 들린다. 특히 스테인리스 집기들을 큰 소리를 내며 열었다 닫았다 하는 소리가 거슬린다.

관리가 끝났다고 얘기하고는 관리사는 관리실을 떠나버린다. 덩그러니 남겨진 느낌이다. 옷을 주섬주섬 챙겨서 관리실을 나간다. 이런 관리에 3만 원이나 썼다는 사실이 허무하고, 그것보다 내 1시간이 이렇게 허무하게 사라졌다는 것에 짜증이 난다. 나를 배웅해주는 건 관리실 입구에서 울리는 종 소리뿐이다.

이런 최악의 관리를 받고 나서 '이번에만 별로였을 거야, 다음에 다시 와야지!' 하고 생각하는 사람은 없다. 눈에 거슬리는 단점이 단 한 가지라도 있다면 다시 갈 마음이 싹 사라지는 게 현실이다.

명심하라. 고객은 작은 자극에도 금세 날아가버리는 나비와 같다. 이 피부관리실의 문제점은 무엇일까? 지적하려면 끝도 없겠지만, 단 하나가 부족한 점을 꼽자면 응대 매뉴얼이 존재하지 않는다는 것이다.

체계적인 고객관리 매뉴얼 만들기

매뉴얼은 어떻게 만들어야 할까? 생각보다 간단하다. 고객이 피부관리실에 입장했을 때부터 어떤 상황을 겪게 되는지를 시간 순서대로 나열해보면 된다. 자신의 피부관리실에 고객이 왔을 때, 고객은 어떤 상황을 겪게 되는가? 운영에 어려움을 겪는 원장님은 재대로 답하지 못한다. 순서가 뒤죽박죽이거나 중요한 특정 부분을 건너뛰곤 한다. 어디가 잘못되었는지 알아야 고칠 수 있는 법이다. 일반적인 관리실은 다음과 같은 과정을 거친다.

| 고객 응대 과정 예시 |

고객 접점	확인 사항	점수
맞이 준비	• 용모 및 복장을 단정히 한다. • 관리실 청소 및 정돈	1 … 5 … 10
맞이 인사	• 밝게 웃으면서 인사한다. • 착석 안내와 함께 음료를 제공한다.	1 … 5 … 10
요구 파악	• 눈을 맞추며 용건을 확인한다. • 문의 내용을 복창해 확인한다.	1 … 5 … 10
서비스 안내	• 서비스 내용과 소요 시간을 안내한다.	1 … 5 … 10
서비스	• 각 서비스별 내용을 안내한다.	1 … 5 … 10
결제 및 인사	• 만족도 확인과 함께 인사를 건넨다.	1 … 5 … 10

여기에 월별 특성과 시즌별 특성을 반영하면 더욱 좋은 매뉴얼이 된다. 월별 중요 이슈나 이벤트에 대해 미리 정리하고 대비하라.

10만 원 관리로 넘어가는 디테일 엿보기

인테리어를 잘하는 것보다 중요한 것은 정리정돈이다. 아무리 좋은 피부관리실이라도 잡동사니로 어질러져 있다면 좋은 분위기를 절대 연출할 수 없다. 하지만 평범한 관리실이라도 조명을 적절하게 바꾸고, 꾸준히 정리정돈만 한다면 수백만 원을 들여 인테리어를 한 것 이상의 효과를 볼 수 있다. 매뉴얼에 꼭 관리실 정돈을 잊지 말고 넣도록 하자.

고객이 집으로 갔다고 해서 관리가 끝나는 것이 아니다. 관리가 끝났다면, 이번 관리는 어땠는지 간단하게 메모를 작성해야 한다. 그리고 모든 관리가 끝난 뒤 다시 정리해야 한다.

고객관리 일지는 신규 고객일 당시부터 열심히 작성해야 한다. 상담에서 나눴던 대화 내용을 최대한 자세하고 구체적으로 작성하는 것이 고객관리 일지의 핵심이다. 고객과 나눈 상담, 피부관리사의 소견, 피부관리 내용, 결과에 대해 객관적으로 작성해야 한다. 그날의 고객 만족도와 피부관리사의 관리 만족도를 한 켠에 추가로 작성하는 것도 도움이 된다.

또한 그날그날 피부관리와 상담을 통해 고객의 컨디션과 피부상태를 잘 기입해야 하며, 피부관리를 통한 효과와 직접적인 결과물에 대해서 반드시 기입해야 한다. 고객이 오기 전에 고객관리 일지를 보며 피부관리의 방향성이 잘 이루어지고 있는지 점검하고 부족한 점이 있다면 보완해야 한다.

10회 티케팅을 목표로 정하고 안주하면 안 된다. 많은 피부관리실이 1:1 맞춤관리를 홍보하지만 정작 맞춤관리를 하는 곳은 극히 드물다. 고객에게 맞춤관리를 하고 싶다면, 오늘부터 고객관리 일지를 작성하도록 하자. 고객관리 일지만 작성해도 고객을 대할 때 자신감이 생길 것이다. 말에 힘이 생기고 상담 때 무슨 말을 해야 할지 고민하지 않을 것이다.

자신의 강점을 브랜딩하라

내가 아는 브랜드들도 처음이 있었다

애플, 벤츠, 나이키, 코카콜라, 교보문고. 오늘 내가 접했던 브랜드들을 몇 가지 써보았다. 어떤 브랜드는 이름만 들어도 소유하고 싶다는 생각이 들고 어떤 브랜드는 듣기만 했을 뿐인데 맛이 느껴지기도 한다. 이처럼 브랜드가 주는 효과는 아주 크다.

익히 아는 브랜드를 선호하는 것은 피부관리실 제품을 선정할 때도 마찬가지다. 많은 피부관리사들이 피부관리실에서 이용할 제품을 고를 때 잘 알려진 브랜드를 선호한다. 관리실에 고가의 브랜드 화장품을 진열하면 왠지 관리실의 품격이 올라간 것 같은 느낌이 들기 때문이다. 하지만 소비자는 항상 유명 브랜드만 고집하진 않는다. 스타벅스보다 높은 매출을 내는 작은 카페들을 여러 곳 볼 수 있는데, 이 카페들은 자기만의 매력으로 소비자들을 휘어잡는다. 그런 작은 브랜드들은 어떻게 만들어지고 어떻게 살아남는 걸까? 지금부터 자신의 강점을 활용하여 브랜딩을 하는 방법을 알아보자.

'가장 자신있는 것'을 콘셉트로 잡자

피부관리실에서 콘셉트의 핵심은 제품도 기기도 아닌 '나 자신'이 되어야 한다. 경영자 교육 중 나의 강점을 활용한 브랜드를 만드는 과정이 있다. 그 과정에서 교육생에게 내주는 과제는 브랜드 콘셉트와 네이밍을 정하는 것이다. 대부분의 교육생들은 그저 있어 보이거나 그럴싸한 브랜드를 만들기에 급급하다. 하지만 잘나가는 브랜드는 남들과 똑같은 것을 따라 하거나 좋아 보이는 것을 다 가져다 쓰지 않는다. 자신의 강점을 브랜드로 만드는 것이 중요하다.

세계를 대표하는 브랜드의 스토리를 보면 대표의 사상이 그대로 녹아 있다. 내가 사랑하는 것, 평소에 내가 좋아하는 것, 나의 강점을 살린 것이다.

다시 말해, '내가 가장 자신 있는 것'을 담은 브랜드인 것이다. 그럴싸하기만 하고 나에게 어울리지 않는 브랜드는 사이즈가 맞지 않는 옷보다 불편하다. 스타벅스를 어설프게 따라 한 작은 카페보다는 사진을 좋아하는 카페 주인이 자신이 찍은 멋진 사진들을 전시한 작은 카페가 더 매력적이게 보이듯 말이다.

자기만의 브랜드를 만들 때는 '나 자신'에게 다음과 같은 질문을 하고 답해본다.

- 나만이 줄 수 있는 가치와 차별점은 무엇인가?
- 내가 피부관리사로서 줄 수 있는 가치는 무엇인가?
- 나는 무엇을 팔 것인가?
- 나는 어떤 관리 프로그램을 만들 것인가?

브랜드로서의 메스떼도 그렇게 탄생했다. 메스떼는 '진정성', '결과가 명확한 교육', '피부관리사도 전문직이다'라는 3가지 핵심 가치에서 만들어졌다. 이 3가지 핵심 가치는 내가 가장 자신 있어 하는 것이었고 메스떼의 행동 원칙이 되어 지금까지 수많은 피부관리사들을 전문직으로 만들어내는 원동력이 되었다.

자신 있는 것을 찾았다면 고객의 눈높이에서 재해석해야 한다. 흔히들 사업을 시작하면 고객의 눈을 잃게 된다. 사업을 진행하면 할수록 점점 더 고객을 바라보지 못하고 잘되는 것처럼 보이는 경쟁자를 계속 의식하게 된다. 하지만 사업은 경쟁자와 누가 더 잘났는지 싸우는 게임이 아니다. 고객의 눈에 들어야 성공하는 게임이다.

창조는 모방에서부터 시작된다

'바퀴를 발명할 필요가 없다'는 말이 있다. 바퀴를 사용하기 위해

바퀴를 발명할 필요는 없다는 것이다. 스마트폰이 필요하다고 스마트폰을 만들 필요가 없듯 말이다. 그냥 스마트폰을 구입하기만 하면 된다. 방법을 따라 하는 것엔 별다른 제한이 없고, 똑같이 사용하고 싶다면 허락을 받거나 출처를 밝히면 된다. 30년 전만 하더라도 도서관을 뒤졌어야 할 정보들을 이젠 인터넷 검색 한 번으로 찾을 수 있다. 창조는 모방에서부터 시작된다. 따라 하는 것이 무조건 잘못되었다는 생각을 버려야 한다. 물론 단순히 따라 하기만 하거나 그대로 베끼는 것은 잘못된 행동이다.

고객의 눈높이에서 피부관리실을 탐방하라. 그리고 일지를 작성하라. 다시 가고 싶은 피부관리실에는 그런 생각이 들게 만든 포인트가 있을 것이다. 왜 그 관리실에 다시 가고 싶은지 그 이유들을 메모하라. 다시는 가고 싶지 않은 관리실도 마찬가지다.

잘되는 피부관리실을 모방하는 것도 중요하지만 잘 안 되는 피부관리실을 관찰하는 것도 매우 중요하다. 여기는 딱 봐도 장사가 안 될 것 같은 피부관리실이 있는가 하면, 장사가 잘될 것 같은데 손님이 적은 피부관리실도 있다. 그런 피부관리실을 특히 잘 살펴봐야 한다. 지금 그 관리실에 손님이 적은 이유를 찾지 못한다면, 자신의 피부관리실도 같은 상황에 처할 수 있음을 생각하고 다시 한 번 이유를 찾아보자.

자신의 상황에 맞게 벤치마킹하는 능력도 중요하다. 호텔 로비에 있는 큰 정원이 마음에 들어서 벤치마킹하고 싶다고 한다면, 관리실에 정원을 가꿀 것이 아니라 예쁜 생화를 비치해야 한다. 많은 사람들이 피부관리실을 창업하는 과정에서 잘된 인테리어를 따라 하려다가 신용불량자가 되기도 한다는 사실을 알아두길 바란다.

브랜드는 노력을 먹고 자란다

여기까지 잘 따라오면서 멋진 브랜드를 만들었다면, 드디어 첫 걸음을 내디딘 것이다. 하지만 방심은 금물이다. 많은 가게들이 창업 당시에 문전성시를 이루다 점점 파리가 날리는 상황에 처하는 것을 볼 수 있다. 그 이유는 처음 개장해서 사람들이 관심을 갖는 허니문 기간이 끝났을 뿐만 아니라 창업자 자신이 처음 가졌던 각오가 점점 무뎌지기 때문이다.

아무리 멋있는 브랜드를 만들었다고 해도, 브랜드를 유지하기 위한 노력을 하지 않으면 소용없다. 그렇기 때문에 이것만은 꼭 지킨다는 핵심 가치를 설정하는 것이 중요하다. 메스떼의 경우 '진정성', '결과가 명확한 교육', '피부관리사도 전문직이다'라는 핵심 가치를 설정했고, 모든 의사결정은 이 핵심 가치를 관철시킬 수 있는지를 확인하는 것에서 시작된다.

핵심 가치를 고객이 이해할 수 있는 콘셉트로 만들고 잘되고 있는 여러 브랜드들의 장점을 집대성하며 나만의 브랜드를 성장시켜 나간다면, 나이키나 애플과 같은 글로벌 브랜드를 만들 수 있을 것이다.

• • •

돈, 전략적으로 쓰고 전략적으로 효과 보자

고객이 원하는 콘텐츠를 만들자

마케팅은 크게 콘텐츠를 제작하는 단계와 제작한 콘텐츠를 배포하는 단계로 나눠진다. 아무리 양질의 콘텐츠를 만들더라도 적절하게 배포하지 못한다면 소용이 없고, 아무리 열심히 배포하더라도 배포하는 콘텐츠가 나쁘다면 오히려 이미지만 해칠 뿐이다. 항상 골머리 썩는 콘텐츠 기획, 하다못해 인스타그램에 사진을 하나 업로드하는 것도 무엇을 올려야 좋을지 어렵다. 고객이 원하는 콘텐츠를 만드는 법에 대해 알아보자.

거창하지 않아도 된다

직접 마케팅을 한다면 대부분의 시간을 콘텐츠 제작으로 보내게 될 것이다. 광고를 큰 범위에서 기획하고 콘티를 짜고 디자인을 입히는 등의 과정들을 거쳐 하나의 콘텐츠가 완성된다. 하지만 이렇게 거창한 과정을 거치지 않더라도 누구나 콘텐츠를 만들 수 있다. 오늘의 일상을 인스타그램에 업로드하는 것도 일종의 콘텐츠 제작이다.

좋은 콘텐츠를 만들었다면 배포를 하면 된다. 지금은 정말 다양한 채널들이 있어 무수한 방법으로 콘텐츠를 배포할 수 있다. 인스타그램에 업로드하기, 블로그에 올리기, 카페에 올리기 등 일반적으로 이런 방법들을 배포 작업이라고 한다. 하지만 내가 올린 콘텐츠의 조회수는 좀처럼 높아지지 않는다. 물론 마케팅 업체에 돈을 주고 의뢰를 하면 내 포스팅이 상위권으로 올라간다. 문제는 그렇게 조회수를 올린다고 정말 사람들이 내 피부관리실에 올지는 알 수 없다는 것이다.

배포의 핵심은 돈을 전략적으로 쓰는 것에 있다. 어디에 어떻게 썼을 때 가장 돈이 적게 들고 노출 효과가 높은지 조사하고, 돈을 효과적으로 쓰고 고객에게 홍보게시물이 많이 노출되게끔 전략을 세우는 과정이 필요하다.

핵심은 속이 꽉 찬 콘텐츠다

어떤 콘텐츠를 만들어야 할까? 어떤 콘텐츠가 좋은 콘텐츠일까?

콘텐츠에는 속이 꽉 찬 콘텐츠와 속이 텅 빈 콘텐츠가 있다. 속이 꽉 찬 콘텐츠는 그 정체성이 명확하다. 고객을 생각하고 고객의 입장과 필요성을 고려하여 만든 콘텐츠임이 느껴진다. 광고임에도 보는 사람에게 정보를 주고 효용감을 준다. 이와 반대로 속이 텅 빈 콘텐츠는 무언가 만들어냈다는 사실에 초점이 맞춰져 있다. 고객을 고려하지 않고 콘텐츠를 하나 만들어냈다는 것에 의의를 둔다. 얻어갈 수 있는 것이 전혀 없다.

많은 사람들이 그저 콘텐츠를 만들기만 하면 별 내용이 없어도 고객이 보고 연락이 올 것이라고 착각한다. 하지만 나만 콘텐츠를 만드는 것이 아니다. 많은 사람들이 아침에 눈을 뜨고 잠들기 전까지 광고를 접한다. 자연스럽게 광고에 대한 피로도가 높아졌고 눈높이도 높아졌다. 하루에 수백 개 광고를 접하는 광고 홍수의 시대에서 단순히 콘텐츠를 제작하기만 한다고 고객들이 반응할 거라고 생각했는가? 그렇다면 크나큰 착각이다.

콘텐츠 제작에 얼마나 시간을 투자하느냐에 따라 고객에게는 단순히 지나치는 광고 중 하나가 될 수도 있고 문의까지 직결되는 혹할 만한 광고가 될 수도 있다.

매출로 이어지는 광고 만들기

대부분의 피부관리사들은 인스타그램에 사진을 업로드하는 것조차 어려워한다. 열심히 올린 인스타그램 게시물도 고객 유입과는 전혀 상관없는 글인 경우가 많다. 어떤 글을 올려야 할지, 어떤 사진을 쓸지 도무지 감이 잡히지 않는 것이다. 어떻게 해야 소비자에게 와 닿는 광고를 할 수 있을까?

소비자가 광고를 봤을 때 오감을 자극하고 머릿속에 상상을 불러일으킬 수 있다면 그 광고는 성공한 광고다. 결국 콘텐츠 제작은 소비자가 1인칭 시점에서 직접적으로 경험한 느낌을 받을 수 있게 제작해야 한다.

광고를 보고 서비스를 사용했을 때 자신의 좋은 모습이 머릿속에서 그려지는 광고가 직접적으로 문의와 연결되는 광고다. 그럼 소비자에게 와 닿는 광고는 어떻게 제작해야 할까?

자신의 브랜드와 서비스에 대한 이해가 얼마나 있느냐에 따라 광고의 질이 결정된다. 서비스 제공의 근본적인 이유를 고객에게 전달하는 과정에서 고객은 필요성을 느끼기 때문이다.

콘텐츠에 내포된 의미를 생각하고 정해보자

콘텐츠를 만들기 전에 다음의 질문을 스스로에게 던져보자.

• 내가 왜 굳이 이 서비스를 이용해야 하는가?

• 내가 무엇이 아쉬워서 피부관리실에 가야 하는가?

• 내가 왜 잘 다니고 있는 피부관리실에서 타 피부관리실로 옮겨야 하는가?

짧은 시간 동안 이 질문들에 대한 이유와 답을 충분히 설명할 수 있어야 한다. 광고를 보는 동안 고객이 납득하지 못한다면 광고는 실패한다. 광고를 보는 동안 내가 그 서비스를 사용하는 듯한 느낌을 준다면 그 광고는 성공한다. 콘텐츠를 만들기 전에 이 3가지 질문 요소들을 충분히 고려하고 제작하길 바란다. 브랜드에 대한 이해와 서비스에 대한 확신이 없다면 광고는 허공에 돈만 뿌리는 것만 못하다.

광고는 서비스를 이용해야 하는 이유를 소비자에게 납득시키는 과정이다. 소비자에게 서비스가 필요한 이유를 적절하게 전달해야 광고가 성공한다. 또한 전달하는 과정이 구체적이고 쉬워야 한다. 필요성과 편리함을 핵심적으로 전달하되 많은 요소들을 담으면 안 된다. 딱 전달하고 싶은 단 한 가지 요소를 구체적으로 증폭시켜 묘사하라.

피부관리를 받았을 때 아름다워질 모습, 아름다워진 나의 모습으로 인해 따라오는 부가적인 것들, 그로 인해 바뀌는 환경들을 강조하고 증폭시켜라. 광고를 보고 머릿속에 이미지가 그려져야 한다. 저 제품을 썼을 때, 저 피부관리를 받았을 때 좋아질 내 모습이, 그로 인해 바뀔 나의 환경이 자연스럽게 떠올려야 한다.

고객을 상상시켜라. 시각적인 효과와 청각적인 효과를 자극하는 것도 좋은 방법이다. 반대로 서비스가 없을 때 불편함을 구체적으로 파고들어 콘텐츠를 제작하는 것도 좋은 방법이다.

붕 뜬 소리 대신
티케팅에 성공하는 상담을 하자

신규 고객 울렁증을 극복하자

"신규 고객만 보면 가슴이 벌렁벌렁해요", "머릿속이 백지장이 되어버려요", "처음 보는 사람에게 무슨 말을 해야 할지 모르겠어요", "어디서 어떻게 말을 꺼내야 할지 감이 안 잡혀요" 등 왜 상담이 어렵냐는 질문에 돌아온 답변들이다.

많은 피부관리사가 신규 고객 울렁증을 겪고 있다. 무슨 말을 해야 할지, 어디서부터 어떻게 말을 꺼내야 할지 감이 잡히지 않는다면 상담이 잘못되고 매출은 떨어질 것이다. 여기서는 신규 고객 응대 방법과 고객을 대하는 자세, 신규 고객에게 강조해야 할 부분을 비롯해 가장 중요한 티케팅으로 이어지는 과정을 살펴볼 것이다.

형식적인 질문에는 형식적인 답변만 돌아온다

피부관리사에게는 고객의 문제를 해결하고 싶다는 욕망이 있어야 한다. 순수하게 고객의 문제를 해결하고 싶다는 욕구를 가져야 한다. 상담을 하는 고객이 도대체 어떤 상태인지 궁금해야 한다. 피부관리사로서 무엇을 바꿀 수 있을지 궁금해야 한다. 고객이 어떤 사람인지, 어떤 문제를 겪고 있는지, 피부관리를 통해 무엇을 원하는지 궁금하고 고객의 문제를 해결해야겠다는 사명감이 있어야 한다.

형식적인 질문에 형식적인 답변이 돌아오는 것은 너무 당연하다. 형식적인 질문과 답변이 몇 차례 오고 가면 결국 상담은 실패하기 마련이다. 형식적인 질문과 답변으로는 고객의 문제점을 찾지 못하고, 고객이 진정 원하는 부분을 긁어주지 못한다. 그렇게 되면 피부관리실에 와야 할 이유가 사라진다. 고객의 문제를 해결해야겠다는 목표를 갖고 진심 어린 질문으로 답변을 이끌어내야 티케팅을 성공시킬 수 있다.

티케팅 100퍼센트 상담 비법

나를 찾은 고객의 문제를 해결하기로 마음먹었다면 마음의 준비는 끝났다. 다음의 4가지 방법들을 숙지하고 상담을 한다면 어느새 고객은 다음 예약을 잡고 있을 것이다.

첫째, 고객이 불편한 문제점, 단 한 가지를 공략하라.

고객이 느끼는 문제점 단 한 가지를 집중적으로 공략하는 것이 중요하다. 고객이 필요한 부분을 상담을 통해 콕 집어내라. 고객이 불편하다고 느끼는 부위의 포인트를 찾아 지속적으로 강조하라. 해결하지 않고 방치해두면 추후에 어떤 문제가 생기는지 인식시켜라.

대부분의 피부관리사는 문제를 많이 해결하면 해결할수록 좋을 것이라고 생각한다. 하지만 고객이 원하는 것은 한 번에 많은 것을 해결해주는 것이 아니라 한 가지를 제대로 해결해주는 것이다. 고객은 지금 느끼는 불편한 문제를 해결해준다는 확신을 원한다. 불편함을 느끼는 딱 한 가지 문제를 피부관리를 통해 해결할 수 있다면 고객은 다소 가격이 비싸도 돈을 쓸 가치가 있다고 생각한다.

둘째, 가능한 것을 분명하게 전달하라.

피부관리를 통해 할 수 있는 부분을 분명하게 전달해야 고객은 피부관리사에 대한 믿음이 생긴다. 고객과 첫 대면에서 중요한 것은 믿음을 주는 것이다. 피부관리사에 대한 신뢰가 없다면 어떤 말을 해도 와닿지 않는다. 형식적인 대화만 오고 가다 고객은 결국 피부관리실 문을 열고 떠난다.

고객에게 믿음을 주는 가장 쉬운 방법은 내가 할 수 있는 부분과 할 수 없는 부분을 명확하게 전달하는 것이다. 이때 많은 피부관리사들은 한 가지 실수를 하는데, 자신이 못하는 것에 대해 변명을 하거나 숨기기 위해 일부러 더 과장해서 말하는 것이다.

고객은 피부관리사가 하지 못하는 것에 대해 관심이 없다. 자신의 부족한 부분을 감추고 할 수 있는 척하지 말고 자신이 할 수 있는 부분을 고객에게 강조하라. 고객이 상담에서 중요하게 보는 것은 이 사람을 통해 자신이 얼마나 바뀌고 효과를 볼 수 있느냐는 것이다. 상담의 본질에 집중한다면 티케팅은 쉬워진다.

셋째, 구체적인 비전을 제시하라.

"피부관리를 받고 나면 좋아지실 거예요", "얼굴에 광이 납니다" 등의 추상적인 말로 피부관리 후의 변화를 전달한다면 고객에게는 그 효과가 쉽게 와닿지 않는다. 붕 뜬 소리처럼 추상적으로 들리기 때문에 고객은 상담 내용에 감흥을 느끼지 못한다. 고객이 원하는 피부관리와 필요한 관리의 포인트를 파악해 구체적인 비전을 제시한다면 고객은 피부관리사의 말에 귀를 기울인다.

피부관리사는 피부관리를 받기 전과 피부관리를 받은 후 눈에 띄는 변화와 어떻게 바뀐 것인지에 대해 말할 수 있어야 한다. 기존에는 상담에서 감정을 썼다면 이제부터는 생각을 많이 해야 한다. 고객의 말을 집중하여 듣고 이 문제를 어떻게 해결할지 생각하고 고객에게 그대로 전달해야 티케팅까지 자연스럽게 이어진다.

고객이 상담에서 피부관리사에 바라는 것은 자신에 대해 문제를 명확히 파악하고 구체적인 비전을 제시하고 그에 따른 확신을 주는 것이다. 고객이 머릿속으로 상상하며 기대할 수 있고 구미가 당길 정도로 구체적인 비전을 제시하라.

넷째, 고객을 지나치게 의식하는 것은 금물이다.

숨을 쉬는 것도 의식하며 쉬려고 하면 어떻게 숨을 쉬는지 모르고 당황스러워진다. 상담에서도 고객을 의식한 순간 말을 어떻게 해야 하는지, 고객과 눈을 어떻게 마주쳐야 하는지도 모르게 된다. 일상에서 기본적으로 하는 행동들도 부자연스러워진다. 말하면서 고객의 눈치를 살피는 것을 그만둬라. 고객을 지나치게 의식하기 시작하면 말이 빨라지고 마음이 조급해진다. 결국 상담은 실패로 돌아간다.

상담이란 고객의 이야기를 듣고 내가 할 수 있는 것을 설명하고 그로 인해 변화할 모습에 대해 고객에게 전달하는 것이다. 고객의 문제점을 해결하기 위해 고객에게 질문을 하고 손으로 촉진도 해보고 피부관리사로서 소견을 내는 것이다. 그다음이 관리 방향성을 세우고 어떤 관리를 할 것인지를 고객에게 알려주는 과정이다.

이때 중요한 것은 지금까지 해온 피부관리의 사례다. 상담을 하는 고객과 사례가 비슷한 기존 고객을 예시로 들어 피부관리의 전과 후를 설명하는 과정이 상담이다. 자신이 할 수 있는 것에 대해 설명하는 과정에서 고객의 눈치를 살필 필요가 있을까? 전혀 없다. 고객의 눈치를 살핀다는 것 자체가 잘못된 것이다. 고객과 소통하는 것과 고객의 비위를 맞추는 것은 다르다. 단순히 고객의 비위를 맞추는 것은 상담이라 할 수 없다. 피부관리사는 고객의 문제를 해결하는 직업이지 고객에게 감정노동을 하는 직업이 아니다.

상담을 할 때 자신의 이야기에 몰입하라

상담을 하는 자기 자신에게 빠져들어야 한다. 자신의 이야기에 몰입할 수 있어야 고객도 당신과의 상담에 몰입한다. 말하는 당사자도 자신에게 집중하지 못하고 몰입하지 못하는데 고객이 어떻게 당신과의 상담에 몰입하겠는가. 이야기를 하는 자신에게 빠져들어라. 스스로에게 잘 몰입하려면 다음 두 가지 방법을 활용하자.

첫째, 문제 해결에 초점을 맞춘다.

고객의 문제를 해결하기 위해 구체적으로 해결 방법을 생각하는 것이다. A4용지에 직접 적으면서 고객에게 설명해도 좋다. 고객에게 잘 보이는 것에 초점을 맞추는 것이 아니라 문제 해결에 초점을 맞춰야 한다. 상담을 하는 이유는 단 한 가지다. 고객의 문제점을 해결하기 위한 것. 고객에게 잘 보여야겠다는 생각, 티케팅을 해야겠다는 생각 등 잡생각은 다 버려라. 머릿속에 오로지 고객의 문제를 해결해야겠다는 생각뿐이어야 한다. 어떻게 해야 내가 이 문제를 해결할 수 있을까? 자신이 할 수 있는 방법을 총동원해 고객의 문제를 해결해야 한다.

둘째, 자신의 경험과 임상 사례를 구체적인 예시로 들라.

기존에 관리했던 고객들을 예시로 들어 상담하는 것이 가장 좋은 방법이다. 만약 여드름 문제 때문에 고민인 고객이라면 기존 여드름 고객 관리는 어떻게 했는지, 얼마 만에 좋아졌는지, 어떤 관리를 통해 효과를 봤는지를 전달하면 상담이 수월해진다. 관리했던 당시 상황을 떠올리고 고객에게 어떤 코칭을 했는지, 고객이 코칭을 이행하면서 어떤 효과를 봤는지, 재미있는 일화를 전달하듯 즐기면서 고객에게 말하라. 상담에서는 자신이 느끼는 감정이 고객에게 그대로 전달된다.

본인 스스로가 흐뭇하고 뿌듯하고 자부심 있는 마음이 있다면 고객도 분명하게 그 감정을 느낀다. 반대로 스스로 불안하고 조급하고 어떻게든 티케팅을 성사시켜야겠다는 마음으로 상담에 들어간다면 무조건 실패한다. 가장 자랑스러운 일화들을 고객에게 이야기하라. 고객이 겪는 문제들을 자신의 성공 사례와 연결시켜 이야기한다면 상담은 쉬워진다.

결국 상담에서는 자신이 직접 느끼고 경험한 이야기들이 중점이 되어야 고객도 상담에 쉽게 몰입한다. 고객이 상담에 몰입해야 진솔한 대화로 넘어갈 수 있다. 준비한 말에 급급해 말한다면 고객이 원하는 바는 전혀 보이지 않을 것이다. 고객은 소통이 결여된 상담에 마음에 문을 닫아버린다. 고객은 피부관리사와의 소통을 원하는 것이다. 자신의 문제를 진솔하게 들어주고 해결해주는 것을 원하는 것이다. 어색하고 인위적인 모습은 내려놓고 고객에게 담백한 자신의 모습을 내비쳐라. 그렇게 하면 고객은 어느새 당신의 말에 빠져들 것이다.

• • •

호텔 같은 브랜드 경험을 제공하라

고객이 기분 좋은 관리가 최고의 관리다

호텔에 가면 기분이 좋다. 비행기를 탈 때도 행복하다. 그 이유는 호텔과 항공업에서는 고객경험관리를 중요하게 생각하기 때문이다. 기업은 CEM을 중요시 여긴다. CEM은 'Customer Experience Management'로 고객경험관리다. 고객경험관리는 제품이나 회사에 대한 고객의 전반적인 경험을 전략적으로 관리하는 프로세스이자 전략이다. 고객에게 감동적인 경험을 갖도록 해서 기업 가치에 대한 고객의 충성을 유도한다. 호텔과 비행기 모두 CEM이 잘되어 있다. 그래서 매 순간 기대되고 행복을 느낀다. 피부관리실도 고객경험관리가 굉장히 중요하다.

온라인, 오프라인, 전화응대, 광고에서마저도 고객은 브랜드에 대한 느낌을 받고 이미지를 만든다. 예전에 서비스를 제공하려면 자본력이 중요했지만 이제는 SNS 시대다. 상대적으로 관리하기 쉬워졌고 혼자서도 충분히 많은 충성 고객과 알파 고객을 만들 수 있다.

1인 소규모 매장으로서는 굉장히 희소식이다. 나만 잘하면 된다. 나를 어떻게 관리하느냐에 따라 매출이 떨어질 수도 있고 더더욱 성장하기도 한다. 광고 하나만으로도 브랜드가 평가당하는 시대가 왔다. SNS에 글 하나 올리는 것에 따라 고객이 모이기도 떨어져 나가기도 한다. 브랜드의 모든 채널을 잘 관리하는 것이 피부관리실 운영의 핵심이다.

매뉴얼과 시스템을 도구로 활용하자

고객경험을 관리하기 위해서는 도구가 필요하다. 그 도구는 바로 매뉴얼과 시스템이다. 1인 피부관리실부터 대형 피부관리실 모두 확실한 매뉴얼이 갖춰져야 고객을 대할 때 어렵지 않고 피로를 느끼지 않는다. 미리 매뉴얼을 준비해둔다면 규모가 커졌을 때 직원관리와 교육이 수월하다. 피부관리실이 성장해도 고객들이 원장만 찾는 현상에 대비할 수 있다.

브랜드에서 가장 중요한 점은 일관성이다. 일관성을 잘 유지해야 브랜드가 성장할 수 있다. 일관성의 핵심은 직원이 원장과 똑같이 테크닉을 하고 피부관리를 할 수 있도록 복제하는 것이다. 또한 직원의 상담 능력, 고객 안내 서비스 등이 원장과 엇비슷한 실력이 되어야 브랜드가 잘 성장할 수 있다. 원장 혼자만 잘한다면 의미가 없다. 원장의 몸은 하나이기 때문이다.

많은 피부관리사가 자신의 브랜드를 론칭하고 성장시키는 것을 목표로 하지만, 테크닉, 상담, 고객 응대를 복제하는 역량이 모두 취약하다. 정말 브랜드를 성장시키고 싶다면, 또는 브랜드를 성장시키려는 목적이 아니더라도 일을 수월하게 하고 싶다면 매뉴얼을 잘 갖춰놔야 한다.

1인 피부관리실들도 자신의 컨디션에 따라 고객응대 방법이 들쭉날쭉하다. 고객은 A 서비스가 마음에 들어서 왔는데 컨디션이 안 좋다고 피부관리사는 A 서비스를 그냥 넘겨버리는 경우가 많다. 고객은 실망하고 결국 재방문으로 이어지지 않는다.

피부관리사로서는 별것 아니라고 느끼는 것들이 모여서 브랜드가 된다. 일관성 있게 피부관리실을 운영하는 것이 필요하고, 운영을 돕기 위해서는 매뉴얼이라는 도구가 필요하다. 피부관리실이 성장하려면 매뉴얼과 시스템을 강화해야 한다. 시스템이 얼마나 잘 갖춰져 있느냐에 따라 브랜드가 성장하느냐 실패하느냐로 갈리게 된다. 고객은 브랜드의 이미지를 보고 피부관리실을 방문하기 때문이다.

알파 고객을 만들어라

잠재 고객은 가망 고객이 되고, 이를 잘 관리한다면 충성 고객,

더 나아가 알파 고객이 된다. 알파 고객이란 브랜드에 열정적인 지지를 보내는 고객을 뜻한다. 특정 상품이나 브랜드를 헌신적으로 재구매하거나 지속적으로 사용하는 고객을 뜻한다.

반대로 나비 고객은 조그만 자극에도 훨훨 날아가버리는 고객을 뜻한다. 예를 들면 앞집 피부관리실이 우리 피부관리실보다 만 원이 저렴하다면 나비 고객은 가차없이 앞집 피부관리실로 날아간다. 알파 고객은 타 피부관리실보다 5만 원이 더 비싸도 진정 나와 피부관리실에 대한 가치를 알고 돈을 아까워하지 않는 고객이다.

피부관리실을 안정적으로 운영하기 위해선 이런 알파 고객을 늘려야 한다. 하지만 알파 고객은 쉽게 생기지 않는다. 무작정 잘해준다고 생겨나는 것이 아니라는 것이다. 알파 고객은 나와 고객과의 상호작용에서 생겨난다. 내가 고객에게 영향을 미치고, 고객이 나와 우리 피부관리실에 영향을 미친다면, 자연스럽게 애착이 생기고 알파 고객이 된다.

알파 고객이 늘어갈수록 피부관리실은 안정감을 갖게 된다. 알파 고객을 한 명 만들면 이번 달은 한 명분의 매출은 고정적으로 깔고 들어가는 것이다. 그렇다고 무리하게 알파 고객을 늘리려 하지 마라. 그렇게 늘어나는 것은 알파 고객이라고 하기 어렵다. 쉽게 쌓은 고객일수록 쉽게 무너진다. 고객 한 명 한 명에게 에너지를 쏟아 진정한 팬을 늘려나가라.

고객이 원하는 컴플레인 대처 방법

알파 고객처럼 좋은 상태의 고객이 있다면 나쁜 상태의 불만 고객도 있다. 불만 상태의 고객이 컴플레인을 했을 때 그들의 욕구를 해결해준다면 오히려 충성 고객이 되기도 한다. 위기를 기회로 바꿔보자.

불만 상태의 고객은 크게 두 가지 욕구가 있다. 바로 문제 해결적 욕구와 관계 형성적 욕구다. 문제 해결적 욕구는 말 그대로 발생한 문제를 해결하고자 하는 욕구다. 이 욕구는 잘못된 것을 바로잡았을 때 해결된다. 피부관리를 받고 피부 트러블이 생겼다면 트러블이 해결될 때까지 책임을 지고 무료로 피부관리를 해주는 것이 그 예가 될 수 있다.

고객은 문제를 해결하는 욕구보다 관계 형성적 욕구를 더 중요시한다. 사람은 누구나 긍정적인 관계를 맺고자 한다. 이는 피부 트러블로 인해 불편한 고객의 마음과 피부관리사에 대한 꺼림칙한 마음을 피부관리사가 풀어주는 것으로 해결된다.

불편한 마음과 피부 트러블 문제로 인해 어색한 사이를 피부관리사가 주도적으로 풀지 않으면, 고객은 마음이 불편해져서 문제가 해결된 후에 피부관리실을 떠나간다. 고객이 컴플레인을 했다면 문제를 해결하는 것과 관계를 재형성하는 것을 잊지 말아야 한다.

진실의 순간, 실패하지 않는 고객 접점을 만들자

피부 시장은 왜 도태되는가

헤어 시장과 피부 시장을 비교하면 헤어 시장이 압도적으로 크고 무서운 속도로 성장하고 있다. 반대로 피부 시장은 점차 도태되고 있다. 그 이유는 바로 시스템의 차이다. 피부관리실에는 확실한 매뉴얼을 확정짓고 고객 문제를 해결할 절대적인 시스템이 필요하다. 그 첫 걸음이 고객 접점, 즉 MOT이다.

피부관리실은 MOT에 대한 분석이 부족하다. 업계가 크게 성장하고 뻗어나가려면 매뉴얼과 시스템이 잘 구축되어야 한다. 하지만 대다수의 피부관리실은 이것이 잘 구축되어 있지 않다. 지금부터라도 문제점을 알고 시스템을 구축해야 피부업계가 성장할 수 있다.

피하려 해도 피할 수 없는 순간이 온다

MOT란 스페인의 투우 용어인 'Moment De La Verdad(진실의 순간)'를 영어로 옮긴 것으로, 스페인의 마케팅 학자인 리차드 노먼(Richard Norman)이 서비스 품질관리에 처음 사용했다. 원래 이 말은 투우사가 소의 급소를 찌르는 순간을 말하는데, '피하려 해도 피할 수 없는 순간' 또는 '실패가 허용되지 않는 매우 중요한 순간'을 의미한다.

현대에서 MOT는 '진실의 순간', '결정적 순간'이라는 말로 사용된다. MOT는 고객 접점, 실패가 허용되지 않는 매우 중요한 순간, 서비스 분석의 기초라고 정의할 수 있다. 앞으로는 접점이라고 부르도록 하겠다.

1970년대 말 석유 파동으로 인해 세계 항공업계는 큰 시련을 맞이했다. 17년간 연속해서 흑자를 기록하였던 스칸디나비아 항공에서도 1979년과 1980년 사이의 2년 동안에 3,000만 달러의 적자가 누적되었다. 이러한 위기 속에서 39세의 얀 칼슨이 이 항공사의 사장으로 취임했다. 고객이 직원들과 접하는 처음 15초 동안의 짧은 순간이 회사의 이미지를 비롯해, 나아가 사업의 성공을 좌우한다고 강조한 칼슨 사장은 1년 만에 항공사를 적자 상태에서 흑자 상태로 전환시켰다. 그뿐만 아니라 스칸디나비아 항공은 1983년도 '올해의 최우수 항공사'로, 1986년에는 '고객서비스 최우수 항공사'로 선정되었다.

스칸디나비아 항공이 위기를 극복하고 성공한 비결은 무엇일까?

얀 칼슨 사장은 직원과 고객이 평균적으로 15초의 접대 시간을 가지며 이 15초의 순간이 항공사 전체의 이미지와 기업의 성패를 좌우한다고 판단했다. 만약 승객이 더러운 트레이를 발견한다면, 일순간 항공기가 불결하다고 생각하게 되고, 나아가 항공사 전체를 이용하기 싫게 느낀다는 것이 그의 생각이었다.

고객 접점은 도처에 널려 있다

체계적인 피부관리실 매뉴얼을 만들기 위해선 기존 운영 방식을 분석하는 것이 선행되어야 한다. 피부관리실의 서비스에 대해 얼마나 인지하고 있는지 파악하기 위한 작업이다.

교육생들에게 자신이 운영하는 피부관리실에 대해 설명하라고 하면 대부분 생각나는 대로 두서없이 말을 한다. 어떤 접점은 자세히 얘기하고, 어떤 접점은 간과한다. 그리고 어떤 접점이 강점인 접점이고, 어떤 접점이 약점인지 자세히 알지 못한다.

일반적으로 고객이 피부관리실의 문을 열고 나갈 때까지의 상황을 MOT라 부른다. 하지만 요즘은 MOT에 대한 범위가 넓어졌다. 인터넷에서 고객이 피부관리실을 검색해 우리 피부관리실에 관한 페이지를 클릭한 순간부터 비대면 MOT가 된다. 길거리에 세워져 있는 엑스 배너도 비대면 접점의 순간이다. 그렇다면 접점을 어떻게 뽑아내야 할까? 우선 고객이 어떤 순서로 이동하는지를 나열해보자.

| 고객의 이동 순서 |

주차장 ➡ 피부관리실 입장 ➡ 로비 ➡ 상담실 ➡ 화장실 ➡ 파우더룸 ➡ 피부관리실 ➡ 파우더룸 ➡ 상담실 ➡ 로비 ➡ 퇴장

고객의 입장에서 고객이 어떤 서비스를 받는지 차례대로 생각해보면 작성하기 훨씬 수월할 것이다. 이 과정은 고객과 피부관리실이 가지는 접점을 한눈에 들어오게 하는 데 의의가 있다. 피부관리실에 와서 어떤 상황을 겪는지 나열한 뒤 각 접점에 대해서 어떤 일이 일어나는지 설명해보라. 어떤 부분은 자세히 알고 있을 것이고 어떤 부분은 막연할 것이다.

이렇듯 MOT를 뽑아보면 자신의 강점이 무엇인지 약점이 무엇인지 알 수 있다. 작성한 것을 토대로 보면 어떤 부분에서는 굉장히 구체적이고 어떤 부분에서는 설명이 취약하다. 강점을 강화하는 것도 중요하지만 부족한 부분을 채우는 것이 더욱 중요하다. 취약점에 투자해야 서비스 매뉴얼에 대한 효과를 볼 수 있다. 자신이 취약점을 보완하고 고객이 원하는 부분을 추가해야 매출이 올라간다.

"직원관리가 어려워요"

손님이 늘어나면 자연스럽게 직원을 뽑아야 하는 순간이 온다.

하지만 자신이 편하자고 뽑은 직원 때문에 골머리를 썩는 경우가 대부분 많다. 직원관리가 어려운 이유는 매뉴얼이 없어서 힘들기 때문이다. 고객은 자신을 관리해주던 원장에게 관리를 받고 싶어 한다. 사람마다 손과 응대법이 너무 다르기 때문이다. 직원관리도 어려운데 손님들까지 직원을 탐탁지 않아 하니 피부관리실에서 직원을 구하기란 여간 힘든 것이 아니다.

우리 브랜드만의 약속

브랜드와 고객 사이에는 약속이 있어야 한다. 우리 브랜드에 오면 이것만큼은 보장한다는 것이 필요하다. '눈이 오나 비가 오나 관계없이 어떤 상황에서도 이것만큼은 꼭 잃지 않고 약속드립니다' 하는 것 말이다.

고객은 브랜드를 보고 온다. 피부관리실 직원이 바뀌면서 그 약속이 깨지는 순간 고객은 떠난다. 1인숍일 때부터 브랜드의 약속을 만들고 꼭 지켜나가야 한다. 직원을 처음으로 고용한다면, 우리 브랜드의 약속을 먼저 직원에게 확실하게 인지시켜야 한다. 그래야 고객은 직원에게서도 브랜드에 대한 신뢰감을 느낄 수 있으며, 안심하고 방문하게 된다.

작은 것부터 만들어 실천하라

거창하고 큰 것이 아닌 작은 것부터 만들어라. 섬세하고 세심한 고객을 위한 배려를 매뉴얼로 정하라. 한 교육생은 마지막 수업 발표의 제목을 '브랜드 지침서'로 정해왔다. "앞으로 제가 힘이 들거나 매출에 문제가 생긴다거나 중요한 선택의 기로에 놓였을 때 생각하면 이 지침서를 읽고 판단하고 무엇이 문제인지 다시 파악하고 문제를 개선해나갈 것입니다"라고 말했다. 그렇다. 이처럼 자신만의 지침서가 필요하다. MOT를 뽑아내는 것이 피부관리실 운영 지침서를 만드는 첫걸음이다.

고객의 불편함을 먼저 생각하라

문제점을 알면 쉬워진다

메스떼 교육에 오는 모든 교육생들은 자신의 문제점이 무엇인지 모르고 온다. 그리고 하나같이 입을 모아 말한다.

"전문 지식이 부족해서 왔어요."

피부에 관해 꽤나 많이 알고 있는 편인 사람도 전문 지식이 부족하다고 말한다. 매출이 발생하지 않는 이유가 바로 부족한 전문 지식 때문이라고 답한다.

상담이 문제라며 왔던 한 교육생의 진짜 문제는 피부관리실의 위생과 인테리어였다. 브랜딩과 시스템만 해결되면 아무 문제 없다는 교육생 진짜의 문제는 테크닉이었다. 이 교육생의 경우 테크닉이 개선되니 월 매출이 3배 이상 올랐다. 이처럼 대부분의 교육생들은 자신의 문제점이 무엇인지 정확히 파악하지 못한다. 자신의 문제점만 정확히 파악하고 개선한다면 매출은 눈에 띄게 성장한다.

고객은 신경 쓰지 않는, 나만의 위축 포인트

자신의 문제가 무엇이라고 이야기하는 교육생들의 말을 들어보면 대부분 문제가 아닌 경우가 많다. 대부분의 교육생들은 자신이 부족하고 결핍된 부분을 문제라고 생각한다. 하지만 고객이 보았을 때 이는 전혀 문제가 아니었고, 고객은 아예 인식조차 못하는 교육생만의 두려움과 트라우마가 원인인 경우가 많았다.

이런 경우 고객은 전혀 신경 쓰지 않는데도 자신 스스로가 부족한 부분이라고 생각하는 트라우마 때문에 실질적인 문제는 따로 있는데 보지 못하고 넘어갈 때가 많다. 정작 자신은 그 트라우마 외에는 아무것도 보지 못하는 것이다. 이 장을 통해 자신을 조금 더 객관적으로 바라보며 진짜 나에게 필요한 것이 무엇인지 생각하길 바란다.

유튜브에 '무주의 맹시'를 검색해보면 아주 재미있는 자연을 볼 수 있다. 영상에는 공을 주고받는 학생들이 나오고, 시작 부분에 "학생들이 영상이 끝나는 동안 공을 몇 회 동안 주고받았는가?"라는 질문이 주어진다. 그런데 이 영상에서 진짜 질문은 따로 있다.

학생들이 공을 주고받는 사이에 고릴라가 지나가고 뒤에 커튼색이 바뀐다. 하지만 대부분의 사람들은 알아차리지 못한다. 아무도 고릴라를 보지 못하고, 바뀐 커튼 색도 눈치 채지 못한다. 모두 공을 세는 데 집중하느라 변화를 알아채지 못한 것이다. 대부분 우리는 이렇게 일상생활에서 자신이 보고 싶은 것 외에는 다른 것을 신경 쓰지 않는다. 문제를 문제로 보지 않는다.

피부관리실 운영도, 고객관리도 마찬가지다. 자신이 중요하다고 생각하는 점 외에는 신경 쓰지 않고 보지도 못한다. 따라서 자신의 문제점을 객관적으로 파악하기 어렵다. 지속적으로 자신을 객관적으로 바라보는 시선이 필요하다.

자기 문제, 객관적으로 바라보기

사람은 누구나 콤플렉스가 있다. 고객을 관리하며 자신의 콤플렉스가 촉발된 경험이 한 번이라도 있다면 많은 경우에 트라우마로 변형된다. 트라우마에 빠지게 되면 정작 중요한 것들을 다 놓친다. 중요한 것들을 놓친 결과가 어떻게 되겠는가. 당연히 결과가 좋지 않다. 그 후에 안 좋은 원인을 모두 트라우마 탓으로 돌려버린다.

피부관리사는 이성적 사고보다 감성적 사고가 뛰어난 경우가 많다. 그래서 일반 사람들보다 고객과 소통 능력이 더욱 뛰어나고 에너지가 넘친다.

반대로 뛰어난 소통 능력에 비해 말을 완벽하게 구사하고 구체적으로 사고하는 방식이 약하다. 자신이 말하는 습관, 생각하는 버릇, 부족한 테크닉 실력, 상담에서의 표현 방법 등을 철저히 점검해보자. 전문 지식이 부족하다고 생각하는 습관을 버리고 지금 자신에게 가장 필요한 부분, 즉 부족한 부분이 무엇인지 구체적으로 생각해보고 문제점을 해결하기 위해 하루에 한 가지씩 자신에게 도전과제를 주며 발전해나가라.

고객 입장이 되어보지 않으면 절대 모른다

피부관리사의 주관적인 입장에서 고객이 피부관리실에서 느끼는 부족한 점을 판단하는 습관부터 개선해야 한다. 고객 입장에서 느끼는 불편함을 생각하라. 고객 입장이 되지 않으면 절대 알지 못한다. 이를 위해서는 다음 두 가지를 명심할 필요가 있다.

첫째, 한 달에 한 번씩 피부관리실 고객이 되라.

한 달에 한 번씩 피부관리실 고객이 될 때는 피부관리사의 자아는 잠시 먼 곳으로 떠나보내야 한다. 오로지 고객 입장에서 피부관리를 받아라. 피부관리란 자신의 피부관리실과 타 피부관리실 모두 해당된다. 오로지 피부관리실의 고객이 되는 것이 핵심이다.

고객으로서 상담에서 불편한 점과 테크닉에서 불편한 점을 직접 느끼고 자신의 피부관리와 빗대어 생각하라. '고객 입장에서는 이런 부분이 이렇게 불편하겠구나'라는 생각이 들어야 잘 이행한 것이다. 불편함을 느꼈다면 직접적으로 어떻게 개선할 것인지 해결책을 세워라. 고객은 큰 것에 불편해하지 않는다. 작고 세세한 부분에 불편함을 느껴 피부관리실을 떠난다.

둘째, 상담하는 모습을 모니터링하라.

자신이 상담하는 모습을 영상을 촬영하라. 고객에게 상담하는 척하며 혼자 영상을 찍어도 좋다. 그리고 그 영상을 모니터링한다. 모니터링할 때는 고객 입장에서 들어라. 타 피부관리실에 갔는데 그곳의 원장은 이렇게 설명하는구나 하는 전제를 깔고 영상을 봐야 객관적으로 볼 수 있다.

모니터링을 해야 문제가 직관적으로 보인다. 평소에 신경 쓰지 못했던 자신의 말하는 습관과 고객을 대하는 태도를 엿볼 수 있다. 일주일에 한 번씩 상담 영상촬영을 주기적으로 하라. 실제로 메스떼 경영자 과정에서는 한 주에 한 번씩 영상 보고를 한다. 업무 계획과 고객관리는 어떻게 이뤄졌는지 보고하고 오늘 하루간 무엇을 느끼고 성장했는지 영상을 촬영한다.

영상촬영 과제를 거듭할수록 말할 때 안 좋은 습관들이 개선된다. 말을 할 때 버벅거리는 습관이 개선되고 말문이 막힐 때도 능숙하게 대처한다. 습관이 개선되면 고객 상담에도 직접적인 영향을 끼친다. 경영자 과정을 이수한 원장님들은 말이 술술 나온다. 자신들도 그런 모습에 신기해하고, 고객 또한 전문적으로 바라본다. 자신을 표현하고 고객들을 대하는 방법을 지속적으로 성장시켜야 한다.

메스떼에 오는 교육생들에게도 내가 해주는 가장 큰 역할은 교육보다 교육생의 문제점을 분명히 알고 교육 목표를 설정해 문제점을 개선시키는 데 있다. 자신이 부족한 부분 외에 다른 부분을 아무리 교육받아봤자 매출로 직결되지 않는다. 고객이 느끼는 문제점과 자신이 느끼는 두려운 부분을 확실하게 판별할 수 있어야 한다. 자신의 문제를 분명히 알고 개선한다면 매출, 고객의 반응, 상담 능력과 같이 눈에 보이는 직접적인 변화가 즉각 나타난다.

5장

롱런하는 피부관리사는 다르다

마사지는 기를 빼앗기는 기술이 아니다

테크닉이란 무엇인가

아주 오랜 옛날 사람들이 부족을 이루며 살아갈 무렵, 마을 사람이 아프면 부족 전체가 아픈 사람을 빙 둘러싸 다 같이 돌아가며 마사지를 했다. 마사지를 하는 동안 다른 사람들은 염원을 담아 춤을 추고 기도를 했다. 신기하게도 오랜 시간 마사지를 하고 나면 아픈 사람의 상태가 많이 호전되었다. 의학이 발달되기 전에는 마사지가 의학의 빈자리를 채웠다.

이런 모습은 가정에서도 흔히 볼 수 있다. 아이가 아프면 엄마는 아이의 배를 잡고 '엄마 손은 약손' 하며 배를 쓰다듬어준다. 정말 신기하게도 배의 통증이 조금씩 가라앉기 시작한다. 엄마는 전문적으로 복부에 대해 알지 못한다. 복횡근이나 외복사근에 대해 알지 못한다. 그렇지만 '엄마 손은 약손'은 확실한 효과가 있다. 이것이 바로 테크닉의 정신이다.

부족민들의 마사지도, 엄마 손도 의학적 지식을 기반으로 하지는 않는다. 하지만 진정성이 내포되어 있다. 이 사람이 건강해지길 바라는 마음과 빨리 나아 행복했으면 하는 마음이 손길에 담겨 있다. 테크닉을 받는 사람에 대한 좋은 마음이 없다면 테크닉의 효과를 절대 볼 수 없다.

수많은 관리를 지켜본 결과, 관리에 진정성이 없다면 고객은 테크닉을 본능적으로 흡수하지 않고 테크닉을 한 후에 큰 변화가 없었다. 피부관리로 큰 효과를 보고 싶다면 고객을 향한 진심을 담아라. 테크닉에서 진정성과 정성이 없다면, 테크닉이 아니라 몸에 손을 올리고 움직이는 행위가 될 것이다. 진심을 담아 정성스럽게 테크닉을 한다면 고객에게도 손 끝을 통해 진정성이 전달된다. 피부관리사는 테크닉의 정신을 잊어서는 안 된다.

기본에 충실한 테크닉을 하라

테크닉은 기본을 지키는 것이 가장 중요하다. 테크닉은 체중을 싣는 것, 고객 속도에 맞춰 테크닉을 하는 것, 고객에게 호흡을 유도하는 것, 고객의 몸에 집중을 하는 것이다. 고전적이고 기본적인 것을 제대로 이행하는 것이 테크닉의 기본이자 전부라고 말할 수 있다.

테크닉을 받을 때는 고객이 일상에서 벗어나 오로지 자신에게 집중하는 시간이 되어야 한다. 고객 스스로 자신의 몸에 집중하고 호흡을 통해 몸에 대해 깊이 인지하고 느끼며 '요즘 내 몸의 상태가 이렇구나', '내가 나를 잘 돌보지 못했구나' 하는 마음이 들게끔 피부관리사가 환경을 조성하고 고객을 이끌어야 한다.

또한 피부관리 받는 시간을 가볍게 수다를 떨며 보내는 시간으로 소비해서는 안 된다. 고객이 자신의 몸에 집중할 수 있게끔 피부관리사가 호흡을 유도하고 고객이 자신의 몸에 집중할 수 있는 말들을 내뱉어야 한다. "깊게 들이마시고 내쉬고 호흡해보세요", "자신의 몸에 집중해보세요" 등의 말을 한다면 고객은 피부관리에 몰입하게 된다.

중간중간 테크닉을 하며 안 좋아 보이는 부위를 짚으면서 "지금 이 부분이 느껴지시나요? 이 부분이 많이 안 좋습니다" 하며 안 좋은 이유와 오늘 관리로 어떻게 좋아질 것인지를 세심하게 전달한다면 고객 스스로 피부관리에 대한 필요성을 분명하게 느낀다.

고객이 피부관리를 받는 동안 몸에 대한 몰입도가 높을수록 피부관리사에 대한 신뢰도가 높아진다. 피부관리실이 마사지를 받고 수다를 떠는 시간으로 소비되는 공간이 아니라 평소에 신경 쓰지 못한 자신의 몸을 돌보는 공간이 된다면 고객은 피부관리 받는 시간을 가치 있게 생각할 것이다.

그러기 위해서는 피부관리사가 먼저 고객의 몸에 집중하고 몰입해야 고객도 테크닉에 몰입할 수 있다. 피부관리사는 고객이 스스로 자신의 몸을 인지할 수 있도록 이끌어주는 역할을 해야 한다.

"테크닉을 하고 나면 기가 빨려요"

마사지를 하면 기가 빠진다고 한다. 교육생들이 입을 모아 말하는 단골 질문이기도 하다. 테크닉을 행위, 즉 노동의 개념으로 하면 기가 빨린다. 자신이 어떤 부위에 테크닉을 하는지 잘 모르는 채 단순히 마사지를 해야겠다는 생각을 하고 있으면 고객에게 마사지를 하고 난 후에 정말 힘들고 기가 빨린다. 하지만 테크닉에 목적성만 명확히 둔다면 기를 빼앗길 일이 없다. 무분별하게 테크닉을 하면 효과가 없을뿐더러 피부관리사의 몸이 금방 상한다.

피부관리사는 고객에게 피부관리를 하면서 에너지를 서로 주고받는다. 테크닉을 할 때 고객에게 주는 에너지가 밝고 좋아야 고객은 지속적으로 피부관리실에 방문한다. 반대로 피부관리실에 갔는데 분위기도 침체되어 있고 원장도 무기력하게 보이면 어떻겠는가. 다시 가기 싫어진다.

또한 에너지가 없다면 고객이 무슨 말을 하더라도 귀에 들어오지 않는다. 테크닉을 하려 해도 고객의 근육과 몸 상태가 느껴지지 않는다. 내 코가 석잔데 누가 누구를 관리하겠는가. 고객의 몸을 관리하기 전에 자신의 몸과 컨디션부터 관리해야 한다. 고객에게 좋은 에너지를 줄 수 있도록 컨디션을 유지하는 것이 피부관리사로서 꼭 숙지하고 지켜야 할 사항이다.

피부관리실에 오는 고객은 힘들고 지친 경우가 대다수다. 자신의 컨디션이 안 좋다면 고객의 지친 에너지에 같이 말려들게 된다. 한번 말리기 시작하면 그 다음 날 몸살이 나거나 며칠 동안 컨디션이 저조해진다. 고객에게 좋은 에너지를 줄 힘마저 잃게 된다. 자연스럽게 고객의 만족도가 떨어진다. 이런 악순환에서 벗어나려면 컨디션 관리를 필수적으로 하라. 간단한 운동이나 스트레칭도 좋다. 아침과 저녁에 짬짬이 시간을 내어 몸 관리에 신경 써라. 자신의 몸 관리는 시간 내서 하는 것이 아니다. 필수로 해야 하는 것이다.

직업병에서 벗어나는 방법

테크닉의 기반이 잘 잡혀 있지 않으면 동작을 할 때마다 통증이 쌓이게 되고, 결국 직업병으로 발전된다. 손목이 시리고 허리가 아프고 목과 어깨가 결리고 종아리가 붓는 것이 피부관리사들이 흔히 겪는 직업병이다. 피부관리사의 직업병은 왜 생기는 것일까?

수많은 교육생을 만났지만, 체중을 잘 싣는 사람은 단 한 명도 보지 못했다. 피부관리를 처음 배울 때도, 자격증 공부를 할 때도 모든 강사가 체중을 싣는 것을 강조한다. 하지만 정작 체중을 싣는 기준을 아는 사람은 만나보지 못했다. 매뉴얼을 펼쳐봐도 피부관리를 할 때는 체중을 실어야 한다고 나온다. 하지만 '어떻게'가 생략되어 있다. 지금부터 통증에서 벗어나 쉽고 간결하게 테크닉 하는 방법을 알아보자.

체중을 실어 묵직하게 테크닉 하는 방법은 어렵지 않다. 다음의 단계에 따라 테크닉을 하면 통증 없이 피부관리를 할 수 있다.

- 1단계 : 손 끝에 힘을 빼고 수근(손의 근육)에 힘을 실어라.
- 2단계 : 테크닉 전에 허벅지와 하체를 베드에 딱 붙여야 한다. 안정된 지지대를 만들어야 체중을 자유롭게 실을 수 있다.
- 3단계 : 테크닉을 하지 않는 사이드 손은 지지대와 근육의 긴장(텐션)을 잡아주는 역할을 하라.
- 4단계 : 테크닉을 하는 동작에 따라 상체도 같이 앞으로 나가라. 이때 힘의 방향은 뒤로 빠지는 힘이 아닌 앞으로 나아가는 힘이다.
- 5단계 : 바디를 관리한다면 골반을 자유자재로 움직여야 한다. 대부분 골반을 쓰지 않고 가만히 있는데, 그러면 허리가 아프다. 이때도 힘의 방향은 뒤로 빠지는 힘이 아닌 앞으로 나아가는 힘이다.
- 6단계 : 종아리에 힘을 빼고 앞으로 걸어가는 것처럼 발과 발가락을 지지대 삼아 테크닉에 따라 유연하게 움직여라.

테크닉을 할 때 가만히 우뚝 서서 손만 움직이는 경우가 대다수다. 그렇게 하면 손 끝, 손목, 목, 어깨, 허리, 골반, 종아리, 발 끝 모두 아프다. 아픈 부위는 힘을 습관적으로 주는 부위다. 체중을 써야 하는데 체중을 싣지 못하니 자꾸 다른 부위에 힘이 들어가 통증이 발생한다.

직업병에서 벗어나려면 체중을 싣는 연습을 하라. 통증에서 벗어나 자신의 몸을 자유자재로 쓸 수 있어야 고객에게 부드러운 테크닉을 선사할 수 있다. 부드러운 테크닉은 고객의 몸을 열게 하고 훨씬 더 깊은 근육까지 자극한다. 체중을 지탱하는 힘의 방향만 등이 아닌 가슴으로 바꿔도 직업병에서 벗어나 자유롭게 테크닉을 하게 되고 테크닉을 통해 지금보다 효과적인 결과를 눈으로 볼 수 있게 된다.

• • •

'척하지' 말고 자존감을 높이는 기준을 정하자

자존감은 진실됨에서 나온다

많은 피부관리실에서 자신이 할 수 없는 것, 이루지 못하는 것에 대해 고객에게 마치 전문가인 양 설명하는 모습을 볼 수 있다. 아니, 사실 모든 업종에서 흔히 볼 수 있는 풍경이다.

나 또한 그렇게 일했던 시절이 있다. 그때는 인생에서 가장 힘든 시기를 보냈다. 아이러니하게도 매출은 좋았다. 하지만 고객을 마주보고 고객의 눈을 마주치는 것이 두려웠다. 내가 할 수 없는 것에 대해 할 수 있는 척 허풍을 떠는 모습에 스스로에게 혐오감이 들었다. 이루지 못한 것에 대해 마치 내 것인 마냥 이야기할수록 내가 나에게 상처를 줬다. 이 시기가 인생에서 가장 힘든 순간이었다. 나에 대한 확신이 없었고, 주체성을 잃어갔다. 타인에게 의존적인 성향만 심해졌다. 타인의 말에, SNS 같은 외부의 자극에 갈대처럼 흔들렸고 휘둘렸다.

그러던 어느 날 거울을 보니 나는 만신창이가 되어 있었다. 정신이 번쩍 들었다. 그때서야 비로소 나를 객관적으로 볼 수 있었다. '내가 할 수 없는 것들을 마치 고객에게 할 수 있는 것처럼 말하는 것은 나를 부정하는 행위였구나', '이런 나의 행동이 족쇄가 되어 나에게 그대로 돌아왔구나', '고객을 대하는 마음, 일에 대한 사명, 나의 모습 그대로 일하는 것을 다른 것과 절대 타협하면 안 되는구나', '어느 하나라도 타협을 보는 순간 나를 잃고 일을 하는 이유를 잃어가는 것이구나', '결국 그럼 아무것도 의미가 없어지는구나'.

일을 하다 보면, 특히 사람을 상대하는 일을 하다 보면 자존감이 곤두박질칠 때가 있다. 고객이 나에 대해 생각하고 나에게 전달하는 말이 곧 나의 가치라는 생각이 든다. 티케팅의 금액과 한 달의 매출이 나의 전부인 것 마냥 평가된다. 고객이 나를 대하는 태도에 나라는 사람의 가치가 결정된다. 매출에 따라 나의 가치가 평가된다. 이런 사회적 분위기가 무서워 대부분의 사람들은 나로서 일을 하지 않고 자꾸 남을 따라 '척'하는 모습을 지향한다. 직접적으로 도전했을 때의 위험을 감당하고 싶지 않아서 그냥 모두가 똑같이 기계적인 삶을 택하려고 한다.

내가 원하는 가치와 기준은 타협하고 타인이 원하는 기준에 나를 끼워 맞추기 바쁘다. 억울하게도 그 기준을 누가 만든 지도 모르는 채 모두 이 굴레에 빠져 쳇바퀴 돌리는 삶을 살고 있다. 그리고 그게 맞는 것이라며 서로 위안한다. 속은 썩어가는 줄도 모르는 채. 그래서 요즘 대형서점에 가면 항상 자존감에 관한 책이 베스트셀러 순위에 올라 있다. 나 또한 남들과 다름없이 살았고 똑같이 이 굴레에 빠졌다. 하지만 이 단 한 가지 사실을 깨달은 순간부터 나의 인생은 완벽하게 바뀌었다.

일의 목적과 의미를 분명하게 정의하라

내가 일하는 목적이 분명하지 않다면 커리어 자체가 흔들린다. 고객에게 '을'의 입장이 되는 지름길이기도 하다. 스스로 이 일을 왜 하는지 자신만의 기준과 목적이 있어야 흔들리지 않고 일을 할 수 있다. 일에 대한 목적성이 분명하다면 성장도 굉장히 빠르다.

성공한 사람들의 특징을 살펴보면, 일을 하는 목적이 외부적인 요소와 자극으로 인해 결정된 것이 아니다. 그들은 타인의 시선에 휩쓸려 일의 목표를 정하지 않는다. 오직 자신만의 주관적인 생각으로 일의 목표를 정하고 방향성을 설정한다. 내가 결정한 선택이고 나를 위한 목적이니 재미가 붙는 것이다. 목적을 달성하기 위해 내가 무엇을 할 수 있는가, 남들보다 성향적으로 어떤 부분이 더 뛰어난가, 어떻게 접목시킬까 하는 중요한 생각을 누가 시키지 않아도 스스로 하게 된다. 동기부여 영상을 보지 않아도 목적이 뚜렷하기 때문에 자연스럽게 원동력이 생긴다.

일에 대한 의미를 가지는 것은 생각보다 쉽다. 자신 스스로가 하는 일에 대해 의미 있다고 생각하면 의미 있는 일이 된다. 반대로 의미 없는 일을 한다고 생각하면 정말 의미 없는 일이 된다. 어떤 일을 할 때 일에 대한 의미 부여가 굉장히 중요하다. 의미 없다고 생각하면 제대로 하지 않고 설렁설렁하게 된다. 그때부터 정말 가치가 없는 일이 된다.

상담도, 테크닉도, 고객관리도 의미가 있는 일이라고 생각하지 않으면 자신의 마음 상태가 고객에게도 전달된다. 고객은 떠나가는데 정작 피부관리사는 그 이유를 알지 못한다. 일에 대한 흥미가 떨어지고 더 재미가 없어진다. 일에 대한 의미는 더욱더 사라져간다. 정말 무서운 일이다.

자신을 증명하는 성공 사례를 만들어라

자존감을 갖고 일을 하고 싶다면 우선 자신을 증명할 수 있는 사례를 만들어야 한다. 아니, 정확히 말하자면 스스로에게 자신의 능력을 증명하는 것이 첫 번째다. 일에 관해 분명한 목표를 설정하고 작은 일부터 성공 사례를 늘려가라. 고객에게 자부심 있게 말할 수 있고 직접 자신이 경험하고 만들어간 사례여야 한다. 성공 사례가 많을수록 자신에 대한 확신과 일에 대한 확신이 생기고 일이 재미있기 시작한다. 더 많은 목표를 달성하고 싶고 나는 할 수 있는 사람이라는 것을 스스로 알게 된다. 무엇보다도 타인의 말에 휘둘리지 않게 된다. 내가 직접 경험하고 느꼈기 때문에 나는 할 수 있는 사람이라는 것을 세상 누구보다 자신이 가장 잘 알게 된다.

교육을 하며 느낀 것은 교육생들은 자신의 강점이 무엇인지 잘 알지 못한다는 것이다. 자신의 가치를 가치로 생각하지 않아서 문제가 되는 경우가 많다. 자신의 강점은 당연시하고 자신이 결핍된 부분만 채우려고 노력한다. 부족한 부분을 채우는 것도 중요하지만 더욱 중요한 것은 자신의 가치를 분명히 알고 키워나가는 것이다. 어떤 점이 자신의 강점인지, 어떤 가치가 있는지 스스로 분명히 알아야 고객도 사람들도 가치가 있다고 인정한다.

모든 교육생들이 급격하게 성장하는 시기가 있다. 바로 자신의 가치를 발현시키는 때다. 남들과 똑같은 것은 가치가 없다. 내가 가지고 있는 고유의 색이 타인에게는 가치로 작용한다. 개개인의 강점을 분명히 알고 강점을 어떻게 발현시킬 것인지 구체적으로 안내할 때부터 폭발적인 성장을 하게 된다. 부족한 것을 배우기보다 자신의 강점을 발현시켜라.

일에서 자유를 얻는 방법

많은 이들이 시간적·경제적 자유를 얻고 싶어 한다. 하지만 진정한 자유는 단순히 '자유 시간'에서 오는 것이 아니다. 사업가로서 시간적인 자유를 얻는다 한들, 자신이 애착을 가지고 일에 시간을 투자하지 않으면 일을 하지 않는 시간에도 언제 망할지 모른다는 불안감으로 인해 시간을 가치 있게 쓰지 못한다.

경제적 자유도 마찬가지다. 회사를 만들었다 해도 직원들 관리가 한번 무너지면 회사도 같이 무너진다. 직원들 경영에 힘쓰고 전략을 세우는 데 심혈을 기울여야 지금 누리는 부를 지속시킬 수 있다. 즉 내가 시간과 노력을 쏟는 만큼 불안함에서 벗어나고 자유를 얻을 수 있다. 경영 능력이 향상될수록 시간관리도 능숙해진다.

나로서 일하는 것, 일하는 시간을 유연히 조정하는 것, 일에 대한 가치를 창출하는 것, 사회에 영향력을 끼치는 사람이 되는 것이 바로 자유롭게 일하는 방법이라고 생각한다. 나로서 유연하게 일할 수 있는 것이 일에서 자유를 취득하는 방법이다. 스스로에게 이상을 강요하지 않고, 자신이 진정 바라는 가치가 무엇인지 곰곰이 생각하라. 일에서 가치에 대한 우선 순위를 명확하게 둔다면 자기 자신을 잃을 일도, 자존감이 곤두박질칠 일도 일어나지 않는다. 내가 나를 보호하며 일하는 것이 가장 중요하다. 나를 소중히 여기고 스스로에 대한 가치를 직접 매기며 일이 대한 관점을 하나씩 바꿔나간다면, 안정적이고 높은 자존감을 가지며 일을 바라볼 수 있다.

목표를 세우고 차근차근 이룬다

마감일을 정하자

사람들은 흔히 이렇게 말한다.

"사업을 성공하는 게 나의 꿈이자 목표야."

목표와 꿈은 비슷하지만 한 가지 분명한 차이가 있다. 바로 정해진 기한이다. 꿈에는 기한이 없지만 목표에는 기한이 있다. 목표를 설정할 때 필수로 정해야 할 것은 기한이다.

많은 사람들이 마감일을 정하기 부담스러워해서 확실한 기한을 정하지 않는다. 하지만 일의 기한을 분명히 해두지 않으면 결국 질질 끌다 목표를 이루지 못하는 경우가 태반이다. 즉 명확한 기한을 정하지 못한다면 목표를 이루지 못한다.

꿈을 날짜와 함께 적어놓으면 그것은 목표가 되고, 목표를 잘게 나누면 그것은 계획이 되며, 그 계획을 실행에 옮기면 꿈은 실현된다.

목표를 성공시키는 방법

"항상 목표가 같았어요", "나아질 기미가 보이지 않아서 힘들었어요", "하고자 하는 일은 많았는데 결국 아무것도 성공시키지 못했어요", "그나마 추진했던 것들도 결국 하다 중단하고 말았습니다", "뒷심이 부족해요", "시작했다가 중단하는 과정이 반복되니 이룬 것은 없고 힘들기만 합니다". 메스떼에 오는 교육생들이 토로하는 이야기다. 지금부터 목표를 성공시키는 방법을 알아보자

목표를 세우고 실행시키기 위해서는 3단계가 필요하다. 1단계는 현실적인 목표 세우기, 2단계는 구체적인 계획을 세우기, 3단계는 즉시 실행하기다.

1단계는 현실적인 목표 세우기다.

목표를 세울 때 마음이 앞서면 자신의 역량이 비해 높은 목표를 세우게 된다. 목표를 세울 당시에는 할 수 있다고 생각한다. 하지만 목표를 세우는 것에 익숙하지 않다면 한 단계 낮은 목표를 잡아야 성공시킬 수 있다.

목표를 잡는 것도 훈련이 필요하다. 처음부터 뚝딱뚝딱 만들어

지지 않는다. 목표를 정할 때 간단한 계획을 생각하며 실제로 자신이 해낼 수 있는지 현실적으로 판단하며 목표를 설정해야 성공한다.

설정한 목표가 조금이라도 부담이 된다면 그 부담감으로 인해 목표만 세우고 아무것도 하지 않게 된다. 가볍고 쉽게 완수할 수 있는 목표를 설정하는 것이 좋다. 부담 없는 목표를 세우고 목표를 이룰 수 있는 환경을 만들어라. 성공에 집착하지 않고 실패에 강박을 느끼지 않는 마음 상태를 만들고 과정 자체를 즐겨야 목표를 달성할 수 있다.

2단계는 구체적인 계획 세우기다.

목표를 설정했다면 구체적인 계획을 세워보자. 이때 계획은 상당히 구체적이어야 즉각 실행할 수 있다. 만약 계획이 구체적이지 않다면, 막상 실행으로 옮기려고 할 때 큰 부담감과 압박감을 느낀다. 어떻게 행동으로 옮겨야 할지 갈피를 잡지 못하며 머릿속이 백지장이 된다. '분명 계획도 세우고 생각도 많이 했는데 왜 머릿속이 백지장이 되지?'라고 의아해하지만, 자세히 살펴보면 계획을 구체적으로 세우지 않은 것이다. 그럼 구체적인 계획과 추상적인 계획은 어떤 차이가 있는지 다음의 표에서 비교해보자.

| 추상적인 계획 vs 구체적인 계획 |

추상적인 계획	구체적인 계획
상담 연습하기	A고객 2회 관리 후 재티케팅 예정 : 피부관리가 끝나면 차 마시면서 지금까지 관리한 내용 설명하기, 관리 전후 설명하기, 고객 문제 짚어주기, 추후 관리 방향성 구체적으로 제시하기
테크닉 연습하기	B고객 안륜근 풀기 : 안륜근을 이완시킴으로써 다크서클 및 안구건조증 개선시키기
인스타그램에 올리기	C고객과의 상담 내용을 정리하여 해당 피부관리를 통해 어떻게 변했는지 구체적으로 작성하여 신규 고객이 유입될 수 있도록 업로드하기

3단계는 즉시 실행하기다.

구체적인 계획을 세웠다면 이제 그 계획을 토대로 실행하면 된다. 이때 핵심은 즉각 실행하라는 것이다. 대부분의 사람들은 계획을 세우고 난 후 미루고 미루다 결국 행동으로 옮기지 못한다. 온갖 이유를 만들고 스스로를 합리화하며 실행까지 연결되지 않는다.

실행하지 않는 것에는 두 가지 이유가 있다. 첫 번째 이유로는 실패가 두려워 계획만 열심히 세우고 행동하지 않는다는 것이다. 두 번째 이유로는 귀찮아서 안 한다는 것이다. 생각만 해도 피곤하니 자꾸 미루다 결국 계획한 하루 일과를 끝맺음하지 못한다. 그리고 여기서 한 가지 착각에 빠진다. 오늘 미뤘다면 내일 해야 하는데 이미 끝난 일이라고 생각한다. 이미 실패한 일이라고 여기고 결국 포기를 선택한다. 그 계획은 무산되는 것이다. 시간만 보내면 끝이라고 생각하는 태도와 쉽게 포기하는 자세를 개선해야 한다.

이런 태도를 개선하기 위해서는 이 도전을 하는 목적에 대해 생각하자. '내가 이것을 왜 하는가?', '무엇을 이루기 위해 하는가?', '목적을 달성했을 때 나는 무엇이 좋아지는가?' 등 목적과 보상에 대해 명확하게 정의하고 일을 집중하여 끌고 나간다면 목표를 성공시킬 수 있는 원동력이 생기고 결국 목표를 성공시킨다.

생각하지 말고 행동하라

피겨 여왕 김연아 선수의 인터뷰를 본 적 있다. 기자가 김연아 선수에게 연습을 할 때 무슨 생각을 하는지, 힘이 들 때 어떤 생각으로 연습을 하는지 질문을 했다. 김연아 선수는 "그냥 한다"고 대답했다. 김연아 선수는 힘이 들 때도 그냥 묻지 않고 따지지 않고 묵묵히 자신이 할 일을 했기 때문에 세계 정상에 오를 수 있었다. 생각이 많아지면 피로도가 커지고 피로함이 커질수록 두려움이 자리 잡는다. 어떤 마음가짐으로 해야 할지 모르겠다면, 자신이 세운 계획에 확신이 없더라도 그냥 하라. 즉각 실행하는 행동력이 지금의 김연아 선수를 만들었다.

모든 일은 과정을 통해 배운다. 확신이 없어서, 실패가 두려워서 실행하지 않는다면 계속 그 자리에 멈춰 있게 된다. 실패에 대한 강박과 확신에 대한 집착에서 벗어나 목표를 이루는 과정을 즐겨라.

시행착오를
차곡차곡 쌓아라

도전을 마주하는 자세의 차이

미국에서의 도전과 한국에서의 도전은 큰 차이가 있다. 미국에서는 처음 도전할 때 아무것도 없는 상태에서 도전한다. 실패해도 잃을 위험이 없기 때문에 최대한 발품을 팔면서 몸으로 직접 부딪히며 도전한다.

한국에서는 어떤 도전을 할 때 실패하지 않기 위해 준비를 한다. 실패하지 않기 위해 자본에 대한 투자를 하고, 시작하기 전에 도전에 대비해 큰 시간을 투자한다. 즉 도전 자체를 하기 위해 시간과 돈을 쓴다. 미국에서는 실패를 해도 위험도가 크지 않지만 한국은 다르다. 실패를 했을 때 위험도가 높아서 실패를 한번 경험하면 인생의 패배자 취급을 받는다. 그래서 모든 사람이 실패를 두려워하고 도전을 꺼린다. 나의 경험을 쌓기보다 책을 읽거나 교육을 통한 타인의 경험을 그대로 흡수한 채 나의 역량이 아닌 타인의 역량에 의존하며 일을 한다. 하지만 나의 경험이 아닌 타인의 경험에 의존할수록 불안함과 공허함은 커진다. 경험을 쌓는 방법은 어렵지 않다. 이 장에서는 경험을 쌓는 구체적인 방법을 살펴볼 것이다.

실패에 대한 위험을 줄여라

무엇을 시작할 때 거창하게 계획을 세우고 투자를 하는 습관은 내려놓아라. 투자를 한 만큼 부담이 생겨 자유롭게 도전하지 못한다. 도전을 하는 목적은 부딪히고 깨지며 알아가는 데 있다. 목표를 성공시키는 것도 물론 중요하지만 과정을 통해 성장하며 성장통을 겪는 것은 더욱더 중요하다. 실패에 대한 위험을 줄이고 자유롭게 도전할 수 있는 환경을 만들어라. 그 과정에서 절대 타협하지 않아야 한다. 자신이 달성하고 싶은 목표를 끝까지 밀고 나가라. 이때 나 자신을 의심하지 않고 스스로 응원하고 믿어주는 힘이 목표를 끝까지 이룰 수 있는 원동력이 된다.

마라톤을 할 때 이기고 싶다는 마음에서 처음부터 모든 에너지를 다해 달리면 마라톤 완주에 성공할 수 있을까? 도전을 시작하기 전과 시작한 직후에 에너지를 다 써버리면 정작 결정적인 순간에 남아 있는 힘이 없다. 중요한 순간순간에 힘을 집중적으로 쓰는 것이 중요하다. 그런데 준비 단계와 초입 단계에서 에너지를 다 써버리는 경우가 많다. 결국 중반부터 지쳐서 목표를 완수하지 못한다.

전략 없이 도전을 한다면 이처럼 실패한다. 정작 중요한 순간에 쓸 에너지가 고갈된 것이다. 시작 전에는 힘을 비축해놓아야 필요할 때 에너지를 자유자재로 쓸 수 있다. 목표를 달성시키기 위해서는 전략과 힘의 강약조절이 중요하다.

성공과 실패 vs 목표 달성과 시행착오

목표 달성을 위한 6단계가 있다. 3단계까지는 목표를 세우고 실행시키는 과정이다. 진정한 승부는 4단계부터 시작된다. 그렇다면 당신은 어느 단계까지 갈 것인가?

- 1단계 : 구현 가능한 목표를 세운다.
  → 현실적이고 실현 가능한 목표를 세운다.
- 2단계 : 구체적인 계획을 세운다.
  → 구체적이고 분명한 계획을 세운다.
- 3단계 : 즉각 실행한다.
  → 계획을 토대로 즉각 실행한다.
- 4단계 : 목표 달성에 실패한다.
  → 실패 원인을 분석한다.
- 5단계 : 새로운 플랜을 제시한다.

→ 새로운 플랜을 세우고 다시 도전한다.

• 6단계 : 목표를 달성한다.

실패를 있는 그대로 받아들여라

대부분 처음에는 목표 달성에 실패한다. 이때 실패한 원인을 집중적으로 분석하는 것이 중요하다. 실패라는 경험을 통해 배우고 느낀 것이 있어야 한다. 하지만 대부분 실패 원인을 분석하기보다 실패한 감정에 사로잡혀버린다. '나는 패배자야, 역시 난 안 돼'라고 생각하며 스스로 힘들고 슬픈 감정을 극대화시킨다. 그 결과 위축된다. 감정에 매몰된다면 절대 목표를 끝까지 달성시킬 수 없다. 시행착오를 겪는 것이 당연하다. 우리는 신이 아니다. 항상 성공할 수 없다. 하지만 시행착오를 통해 경험을 쌓고 마지막은 성공으로 장식할 수 있다는 점을 분명하게 알아야 한다.

인생에서 성공의 순간이 몇 번 되는가? 거의 없다. 그 성공도 한 번에 되지 않았을 것이다. 여러 번 도전한 끝에 성공을 거둔다. 목표를 달성하기 위해 시행착오를 겪는 것은 자연스러운 현상이며 목표를 성공시키기 위해 꼭 겪어야 하는 과정이다. 이 사실을 받아들이지 못한다면 절대 목표를 달성할 수 없다. 나아갈 길이 성공과 실패가 아니라 목표 달성과 시행착오라는 것을 받아들이고, 관점을 바꿔야 목표가 무엇이든 끝까지 성공시킬 수 있다.

돈과 시간을 쓰고도 얻는 것이 없는 게 진짜 실패다

실패가 두려워 도전을 하지 않는 경우가 많다. 교육을 받을 때도 마찬가지다. 교육생들은 실패가 두려워 자신의 생각을 말하지 않고 자신의 생각대로 테크닉을 하지 않는다. 오로지 누군가의 말을 따르려고 한다. 제대로 된 도전을 하지 않고 타인의 시선에 의식하여 교육에 집중한다. 교육 중에 이런 과정이 반복되면 교육 후 진정으로 남는 것은 없다.

도전은 두 가지로 나뉜다. 첫 번째는 교육을 듣고 자신이 생각하고 자신의 관점으로 흡수하고 몸으로 직접 부딪히는 도전이다. 두 번째는 교육자의 말을 있는 그대로 흡수하고 기계처럼 주입해서 아바타처럼 따라 하는 도전이다.

타인의 말을 그대로 흡수해 행동하는 것은 도전이 아니다. 타인의 생각을 그대로 이행한 것이다. 그렇게 한다면 항상 불안하고 어딘가 채워지지 않는 공허함을 느낄 것이다. 실패를 해도 실패한 이유를 알지 못한다. 성공을 해도 성공한 이유를 알지 못한다. 바로 자신의 생각이 없었기 때문이다. 항상 불안한 이유도 자신의 사업과 인생이 타인의 손에 달려 있기 때문이다. 자신이 자신의 힘으로 어떻게 할 수 없는 무력감을 느낄 것이다. 이처럼 억울한 경우가 어디 있는가. 본인의 시간과 자본을 투자해서 도전했는데 의사결정의 기준 또한 확실하게 알지 못하는 것이다.

반대로 운이 좋아 타인의 말을 따라 성공을 이뤘다면 자신의 능력이 좋다고 착각하게 되어 다음 번에 큰 실패를 경험할 확률이 높다. 실패를 했다면, 돈과 시간을 썼는데 과정을 통해 얻는 것이 없는 진짜 실패를 하게 된 것이다. 무언가를 배울 때 교육자의 말을 그대로 흡수하는 것이 아니라 스스로의 관점을 키우는 것이 중요하다. 자기 자신의 생각이 있어야 한다. 멘토, 교육자, 스승님이 아니라 자신이 생각하고 직접 결정하라.

아무 일도 하지 않는다면 아무 일도 일어나지 않는다

자신의 생각 없이 결정을 하고 실패가 두려워 타인의 말을 따른다면, 과연 삶을 살아간다고 말할 수 있을까. 실패를 두려워 말고 위험을 줄이고 직접 몸으로 경험하는 것이 중요하다. 사람은 자신이 느끼고 경험한 것만 확신 있게 말할 수 있다.

교육생들은 많은 이유로 메스떼를 찾지만 사실 그들에게 가장 필요한 것은 확신이다. 확신은 수많은 시행착오를 겪으며 생긴다. '아, 나 이번에 진짜 알았다', '이렇게 하면 되겠다', '이렇게 하면 실패하는구나'처럼 스스로 깨닫는 과정을 겪어야만 마음에 안정이 온다. 진짜 알게 되면서 타인에게 확신을 구하지 않는다. 자신 스스로가 완전하기 때문이다. 스스로 온전히 확신을 가지려면 시행착오를 쌓아라.

메스떼 오리엔테이션 때 교육생들에게 하는 말이 있다.

"저는 실패덩어리입니다. 그래서 성공을 할 수 있었습니다. 이 교육 또한 여러분들에게 실패를 적극 권장하는 교육입니다. 직접 경험하고 도전하지 않으면 숍에서 로봇처럼 고객을 응대하고 관리하게 됩니다. 지식만 달달 외워 공장에서 찍어내는 물건처럼 교육생을 양성하는 것에는 관심 없습니다. 직접 경험하고 도전하고 실패하고 목표를 달성하는 교육을 할 겁니다. 성장통이 있어야 성장을 할 수 있습니다. 실패를 해야 성공할 수 있다는 점을 꼭 기억하길 바랍니다. 저는 실패덩어리라는 것, 꼭 잊지 말기를 바랍니다."

• • •

주도적인 의사결정의 기준을 세워라

누구의 말을 따라야 할까?

일을 하다 보면 하루에도 수십 번씩 결정을 해야 한다. 작고 소소한 부분부터 시작하여 중대한 결정까지, 하루에도 몇 번씩 선택의 갈림길에 놓인다. 피부관리실을 운영하고 있다면 하루에도 몇 번씩 중요한 결정들을 하는 순간이 온다. 항상 머릿속에는 고민이 많고 스스로 결정하기엔 부담스러운 요소들이 많으니 주변에 도움을 구하는 경우가 자주 발생한다.

예를 들면 연인과 배우자의 조언(이때 사업 자금에 배우자의 도움이 조금이라도 들어갔다면 더더욱 입김이 강할 것이다), 절친한 친구의 의견, 아는 원장님의 조언, 제품회사 직원의 말들 등 많은 조언과 수많은 말들이 뒤따른다. 하지만 조언을 해주는 사람들의 말은 모두 다르다. 그럼 누구의 말을 따라야 하는 것일까?

스스로 결정하고 자신만의 신념을 키워나가라

모든 결정을 스스로 하는 힘을 키워라. 스스로의 결정이 두려워 타인에게 자문을 구하고 타인의 의견에 그대로 따르는 경우가 많다. 자신의 결정에 책임지는 것이 두려워 배우자의 조언이나 지인의 조언을 그대로 흡수한다. 정작 본인의 생각과 판단은 그 결정에 들어가지 않는다. 중요한 결정일수록 타인의 결정에 의존도가 높아지고, 결국 이것은 '자신에 대한 불확신'으로 이어진다.

자기 인생의 중대한 결정을 타인의 손에 맡겨버리고, 왜 이런 선택을 한 것인지 제대로 알지도 못한 채 그대로 따라간다. 그 결과 '나'라는 인생에서 단역으로 살아간다. 분명 자신이 주인공인데도 영화의 주인공이 시시때때로 바뀌는 상황이 벌어진다. 자기 인생의 주인공은 부모님도 배우자도 친구도 아닌 자기 자신이 되어야 한다. 모든 의사결정을 스스로 하고 결정에 대한 책임도 스스로 짊어져야 자신에 대한 확신이 생긴다.

실패를 하더라도 그 상황을 직면하고 오로지 혼자 힘으로 실패에 대한 책임을 져보자. 단 한 번만이라도 상황을 직면하고 자신의 결정에 책임을 진다면 회피라는 선택보다 훨씬 더 홀가분하고 마음 편한 선택이라는 것을 분명하게 알 수 있다. 대다수의 사람들은 자신의 결정을 책임지기 두려워한다. 모든 책임을 회피하다 보면 자신의 생각 자체에 대해 확신이 없다. 자기 생각에 확신이 없다면 결정은 더더욱 못한다. 이런 현상들이 반복되고 많은 사람들이 스스로 결정을 못하는 상황에 처하면서 '결정장애'라는 말까지 생겼다.

창업을 할 때도, 큰 돈이 나가는 결정을 할 때도 자신의 마음보다는 타인의 말을 더 중시한다. 결정이 중요하면 중요할수록 자신의 생각과 선택보다 타인의 말에 더 집중한다. 심지어 그 사람이 그 분야의 전문가가 아닌데도 말이다. 결국 자신이 듣고 싶은 말과 그럴싸한 답변이 나올 때까지 계속 주변 사람들에게 고민 상담을 한다. 친구의 말, 남편의 말, 부모님의 말은 참고사항이다. 내 커리어에서 가장 중요한 것은 스스로 판단하고 결정을 내리는 것이다.

오너와 스승의 도움이 아닌, 남자친구의 조언이 아닌, 부모의 말이 아닌 자신 스스로 결정을 내리는 것이다. 그들은 내 인생의 주인공도 최고 결정자도 아니다. 내 인생의 결정자는 나 자신이다. 책임이 두려워서 회피한다면 내 인생에서 나는 조연으로밖에 살 수 없다. 누구보다 자신이 품고 있는 마음에 귀 기울이고 스스로의 결정을 지지하라. 모든 일을 스스로 결정하는 힘을 키워나간다면, 내 인생에서 주인공이 된다.

자신만의 관점을 쌓아나가라

한국 사회에서는 스스로 결정을 내리는 법을 알려주지 않는다.

어릴 때부터 유교 사상으로 인해 우리는 자연스럽게 연장자의 말에 따랐다. 스스로 생각하고 결정을 내리는 방법을 배우지 않았기 때문에 나의 힘으로 어떤 결정을 내린다는 것이 쉽지 않다. 하지만 기존의 습관에서 벗어나야 성장한다. 누군가의 도움 없이 결정을 내릴 수 없는 상태가 되어서는 안 된다.

처음부터 대뜸 어려운 결정을 해보는 것도 좋다. 그게 어렵다면 작고 소소한 결정부터 스스로 판단해 결정하는 습관을 만들자. 결정을 내렸다면 자신의 결정에 확신을 가져라. 나부터 나의 생각에 확신이 없다면 아무도 그 결정을 믿고 지지하지 않는다.

상담에서 고객 문제를 해결할 때도 마찬가지다. 확실하게 스스로 판단한 그대로 고객에게 전달하자. 그렇게 작은 결정을 하나씩 내리다 보면 자기 인생을 주도적으로 이끌 수 있는 힘이 생긴다. 바로 '나의 의사결정 기준'이 생기는 것이다.

여기서의 핵심은 하나씩 결정을 내리면서 나의 관점을 조금씩 쌓는 것이다. 실패해도 좋다. 실패하면 왜 실패했는지 알아야 한다. 성공하면 더 좋다. 성공한 후에 성공 이유를 파악하며 스스로 관점을 넓혀가는 것이 이번 장에서의 도전과제다.

스스로 판단하고 결정을 내리는 순간들이 많아질수록 확신은 깊어진다. 스스로 선택한 결정에 대해 깊이 고찰할수록 확신은 더욱더 확고해질 것이다. 경험이 많아도 확신이 없는 사람이 대다수다.

반대로 경험이 많지 않아도 자신이 겪어본 경험을 통해 관점을 넓히고 확신 있는 삶을 사는 상위 1퍼센트의 사람이 있다. 상위 1퍼센트의 사람은 누구의 도움도 받지 않는다. 오로지 자신 스스로 판단하고 주도적으로 결정을 내린다. 더 나아가 자신의 결정과 결과를 고찰하고 연구한다. 자신만의 관점을 넓히면서 말과 행동에 확신이 생긴다. 확신 있는 사람이 될 것인가 확신 없는 사람이 될 것인가. 이제 스스로 결정할 때다.

기준점이 명확해야 흔들리지 않는다

피부관리사는 이성적 사고보다 직관적 사고가 뛰어난 경우가 많다. 즉 감이 좋다. 하지만 이때 발생하는 문제는 피부관리사 스스로 직관적인 사고보다 이성적 사고가 월등하다고 느끼는 것이다.

때에 따라 필요한 사고능력이 다를 뿐이다. 사고 영역에서 우등과 열등은 존재하지 않는다. 이성적인 사고를 가진 사람은 감이 뛰어나지 못하다. 자신이 못하는 부분에 집중하며 스스로에게 이성적 사고를 강요하고 열등하다는 생각에서 벗어나라. 가장 자신 있는 부분과 자신에게 가장 가치 있는 부분에 집중하라. 자신에게 집중할 수 있는 힘을 기르는 것부터 선행되어야 의사결정의 기준을 만들 수 있다.

작은 것부터 하나씩, 꾸준히 자신의 속도에 맞춰 걸어가는 것도 중요하다. 자신에게 집중하는 훈련과 작은 것부터 결정하는 습관을 기른다면, 일을 할 때 안정감을 느끼고 수월하게 일을 처리할 수 있다. 피부관리사는 감이 좋다. 감이 좋다는 것은 사람들과 소통 능력이 뛰어나고 타인의 감정을 잘 흡수한다는 의미다.

감정을 흡수하는 것은 때로는 정말 좋은 역할을 하지만 종종 독이 되어 돌아오는 경우가 있다. 타인의 감정을 수용하되 그대로 흡수해서는 안 된다. 감정을 흡수하면, 순간적으로 타인의 말이 전적으로 맞다고 생각하고 타인의 의견을 따르게 되는 경우가 많다.

피부관리사가 상담을 힘들어 하는 이유도 거기에 있다. 자신의 의사결정 기준이 있어야 고객에게 흡수당하지 않는데 기준이 명확하지 않아 고객에게 자꾸 휩쓸리고 흔들리게 되는 것이다. 자신을 믿고 관점을 키워 나가야 타인들의 감정에 무분별하게 흡수당하지 않고 자신을 보호할 수 있다.

타인의 생각이 아닌 자신의 생각을 차곡차곡 쌓아 결과물로 만들어보자. 이런 훈련을 거듭할수록 자신도 모르는 사이 자연스럽게 주도적으로 결정하는 힘이 생긴다. 이런 경험들이 모이고 모여 직관의 힘이 길러질 것이고 의사결정의 기준이 명확해진다.

주도적으로 의사결정을 할 수 있는 역량이 생기면 자신의 고객을, 자신의 피부관리실을, 자신의 인생을 스스로의 힘으로 이끌 수 있는 사람으로 거듭난다. 당신의 인생에서 조연이 아닌 주연으로 살아가길 바란다.

부록

성공 에스테틱 사례와 창업 가이드

1. 120만 원에서 960만 원으로 월 매출이 급상승한 채움 에스테틱

메스떼에서 교육을 받고 월 매출이 120만 원에서 지금은 1,000만 원을 향해 달려가고 있는 채움 에스테틱 이경희 원장님과의 인터뷰다. 코로나 19 사태로 많은 피부관리실이 폐업을 하고 모두 힘들었던 시기 2020년 4월에 이경희 원장님은 처음으로 한 고객을 상대로 200만 원 티케팅에 성공했다. 2019년 6월 20만 원 티케팅도 힘들어서 메스떼에 방문했는데 8개월 만에 티케팅 금액이 10배로 성장했다. 120만 원 매출에서 960만 원이 되기까지 이경희 원장님에게 어떤 성장이 있었고 어떻게 변화할 수 있었는지 인터뷰를 통해 알아보자.

Q 안녕하세요, 원장님. 간단하게 자기 소개를 부탁드립니다.

A 안녕하세요, 채움 에스테틱 원장 이경희입니다. 메스떼에서 교육을 받고 지금까지 대표님의 코칭대로 꾸준히 일하고 있습니다. 대표님을 만나 교육을 듣고 테크닉, 고객관리, 상담 방법, 운영 방법의 모든 관점이 바뀌었습니다. 오늘은 변화된 제 관점, 고객을 대하

는 관점, 제가 매출을 올릴 수 있었던 방법에 대해서 소개하고자 합니다.

Q 채움 에스테틱에는 어떤 뜻이 있나요?

A 원래는 제 이름을 따 만든 '이경희 스킨케어'를 운영하고 있었습니다. 메스떼 경영자 과정에서 교육을 받으면서 브랜딩의 중요성을 깨닫고 내가 고객에게 전하고 싶은 메시지는 무엇인지, 나는 어떤 마음으로 일을 하는지, 나의 강점은 무엇인지를 많이 생각하게 되었습니다. 그 결과 '고객의 마음을 채우다', '아름다움을 채우다', '사랑을 채우다' 라는 뜻에서 채움 에스테틱을 만들었습니다.

Q 매출이 960만 원으로 급상승했을 때 소감이 어땠나요?

A 이경희 스킨케어 때는 200만 원 매출을 올리기도 힘들었어요. 3개월 동안 만반의 준비를 하고 채움 에스테틱을 오픈하니 처음으로 500만 원 매출이 났습니다. 그 다음달은 600만 원이었고요. 이렇게 꾸준히 매출은 성장하는데 이게 어쩌다 한번 운인 것 같고 불안했습니다. 아직까지 준비가 덜 된 느낌이었어요. 대표님이 잘 이끌어준 덕분에 매출이 순조로워질 수 있었다는 생각이 들었습니다. 대표님이 제 마음을 어떻게 알았는지 그다음 교육에서는 매출 600만 원을 올릴 수 있었던 이유가 무엇인지, 고객을 통해 어떤 가치를 주는지 저에게 브리핑을 하라는 과제를 주셨습니다. 또다시 막막했지만 이런 과정을 거듭할수록 저 자신에 대한 확신이 생겼고

자신감이 생겼습니다. 그 결과 700만 원, 800만 원, 900만 원의 매출을 올리면서 꾸준히 성장하는 채움 에스테틱으로 발돋움한 것 같아요.

Q 채움 에스테틱만의 차별화 전략이 있나요?

A 전에는 회당 1만 5천 원, 2만 원 관리를 했어요. 지금은 회당 10만 원의 관리를 하고 있습니다. 기존에는 고객이 오면 프로그램을 펼쳐놓고 고객에게 설명을 했어요. 말로는 1:1 맞춤관리라고 했는데, 지금 생각해보면 그냥 있는 프로그램에 고객을 끼워 맞춘 느낌이에요.

상담 방법이 완전히 바뀌었습니다. 이제는 프로그램을 먼저 보여드리지 않고 고객에게 질문을 합니다. 채움에 어떻게 오게 되었는지, 어디가 불편한지, 어떤 점이 개선되었으면 좋겠는지 고객과 이야기를 하며 상담을 이끌어가고 있어요. '이 고객이 피부관리실에 왜 왔나?'를 생각하는 것이 이전과 가장 큰 차이점인 것 같습니다. 고객의 이야기를 들으며 나에게서 무엇을 필요로 하는지, 내가 무엇을 해줄 수 있는지를 생각합니다. 고객이 피부관리실에 방문한 목적을 분명히 파악하여 고객에 맞는 프로그램을 추천합니다. 하지만 고객마다 피부관리의 목표를 분명히 해요. 같은 프로그램이어도 고객에 따라 조금씩 다른 피부관리를 하는 것이 채움만의 차별화된 피부관리라고 자부합니다.

Q 교육 전과 지금을 비교하면 무엇이 가장 달라졌나요?

A 굳이 어떤 점이라고 말하기보다는 정말 다 변했어요. 다 달라졌다고 생각해요. 매출은 당연히 달라졌고요. 그 전에는 고객관리도 안 되었고, 상담도 제대로 안 되었고, 뭐 테크닉을 해도 이걸 해서 좋아진다는 자신감도 없었어요. 그냥 배운 대로, 남들 하는 대로 따라만 하다 보니까 피부관리에 대한 자신감도 없고 확신도 없었어요. 그렇기 때문에 상담과 고객관리가 제대로 안 된 것 같아요. 교육이란 교육은 정말 많이 다녔지만 교육에서 정해놓은 틀을 그대로 흡수하고 달달 외우는 식으로 교육을 받으니 자신감만 더 떨어졌던 것 같아요. 남들 것을 그대로 따라 하기 바빴는데 그러다 보니 고객들에게 떳떳하게 말을 할 수 없더라고요. 제가 경험해서 얻어진 결과물이 아니기 때문이죠.

대표님에게 교육을 받을 때는 처음에 너무 힘들었던 것 같아요. 자꾸 저에게 생각하라고 하고, 저의 생각을 물어보고, 교육을 통해 무엇을 배웠는지 말하라고 하셨죠. 테크닉 교육을 받고 한 주간 임상을 못 하면 혼났고, 설명하는 것도 어려웠고, 고객 상담도 대표님을 그대로 따라 하면 또 혼났어요. 대표님은 목적성을 굉장히 강조하셨어요. 이것을 왜 하는지 항상 생각하라고 하고, 생각하고 말하라고 해서 많이 힘들고 어려웠는데…… 돌이켜보니 그 과정이 그냥 모두 제 양분이 되었어요. 채움을 만드는 과정도 정말 쉽지 않았어요. 내가 가장 좋아하는 것을 찾는 것도, 나의 장점을 찾는 것도, 나의 가치를 발현시키고 대표님 앞에서 발표하는 것도 정말 힘들었는데 그 모든 과정들이 지금의 저를 만들었습니다.

Q 이경희 스킨케어 때 가장 힘들었던 점은 무엇인가요?

A 무력감인 것 같아요. 고객들에게 무엇을 해줘야 할지 모르겠다는 무력함이 심했어요. 고객에게 무시를 당해도 내가 어떻게 저지하지 못하는 무력함, 티케팅을 할 수 없다는 무력함, 나에 대한 확신이 없다는 무력함, 이 상황을 어떻게 해결해야 할지 모르겠다는 무력함이 많이 들던 때였어요.

Q 고객 상담과 티케팅 성공을 위해 가장 중요한 점은 무엇이라 생각하세요?

A 예전에 고객을 상담할 때는 돈이 목적이었던 것 같아요. '이 사람에게 5만 원짜리 프로그램을 권할까?', '이 사람이 10회 티케팅을 할까?' 같은 유의 접근 방식이 정말 잘못되었다는 것을 대표님을 만나 깨닫게 되었어요. 다들 너무 당연시해서 잘못된 것인지도 몰랐어요. 다른 교육에 가도 이런 교육이 중점을 이루고 달달 외우는 상담방식이 중점이다 보니까 고객을 바라보는 관점, 고객이 피부관리를 온 진짜 이유, 피부관리의 목적성을 고려하지 않았던 것이 가장 큰 실수였던 것 같아요.

고객을 바라보는 관점을 바꾸고 피부관리를 받는 목적성을 생각할 수 있었기 때문에 최근 단기간에 매출을 상승시킬 수 있었던 것 같아요. 그 결과 높은 금액도 티케팅할 수 있게 되었어요. 이 사람은 얼마짜리라고 생각하거나 10회를 해야 돈이 얼마가 된다는 기존의 생각들을 다 버리니까 성공하지 않았나 싶어요. 그냥 내가 할 수 있는 것에 집중하고 해결이 필요한 고객의 문제점은 무엇인지 생각하며 고객을 위해 상담을 하고 피부관리를 했어요. 그러니 20만 원 티케팅에서 100만 원 티케팅에 성공할 수 있었습니다.

Q 이경희 원장님에게 메스떼는 어떤 의미인가요?

A 저의 삶을 완전히 바꿔준 곳이에요. 사실 120만 원에서 960만 원이 된다는 것은…… 방법만 배워서는 절대 불가능하다고 생각해요. 세상을 바라보는 관점이 바뀌었어요. 저라는 사람이 바뀌었습니다. 교육을 들으며 주변 인간관계에도 많은 변화가 있었고 저를 바라보고 생각하는 관점 자체도 완전히 바뀌었습니다. 저를 찾게 된 기분입니다. 저 자신을 알게 되고 제가 무엇을 좋아하는지, 무엇을 원하는지 분명히 말할 수 있게 되었어요. 옛날에는 불편한 마음도 항상 꾹꾹 눌러 담고 남들에게 하고 싶은 말도 잘 못했는데 이제는 확실하게 말할 수 있는 힘이 생겼습니다. 저를 지킬 힘, 저를 보호할 힘, 저를 사랑할 수 있게 된 힘이 생겼어요. 그러니 제 브랜드도 애착을 가지고 끌고 나갈 수 있고 고객관리도 가능하다고 생각합니다.

저는 정말 조그만 동네 피부관리실의 원장이었어요. 그냥 동네 아주머니들이 1만 원이나 2만 원 달랑 들고 와서 마사지 해달라고 하는 곳이었어요. 그런 제가 지금 채움 에스테틱의 원장이 될 수 있도록 이끌어준 곳이 메스떼입니다. 대표님은 제 삶을 바꿔준 분이에요. 저도 그런 대표님을 많이 닮고 싶어요. 대표님이 저를 도와주신 것처럼, 저도 꼭 성공해서 대표님처럼 다른 사람들을 돕고 이끄는 사람이 되고 싶습니다.

Q 앞으로의 꿈은 무엇인가요?

A 월 매출 1,000만 원은 기본으로 거뜬히 하는 것이 목표였는데, 이제 그 목표를 이뤘네요. 앞으로는 제 브랜드를 성장시키고 싶습니다. 브랜드를 성장시키고 대표님을 따라 피부관리사가 전문직으로 자리매김하는 것을 돕는 것이 저의 꿈입니다.

2. 1,500만 원으로 창업에 성공한 프랑 에스테틱

프랑 에스테틱은 메스떼 브랜딩 과정을 통해 1,500만 원으로 소자본 창업에 성공했다. 프랑 에스테틱은 어떻게 1,500만 원으로 창업할 수 있었을까? 보증금 500만 원을 제외한다면 정확히 1,000만 원으로 피부관리실을 개장했다. 그럼 지금부터 어떻게 해야 자본금 1,000만 원으로 피부관리실을 창업할 수 있는지 알아보자.

피부관리실 창업에서 가장 중요한 것은 브랜딩이다

모두가 제품과 값비싼 인테리어에 집중할 때 프랑 에스테틱은 자신만의 브랜드를 키우는 것에 힘썼다. 프랑 에스테틱 원장은 메스떼 경영자 과정을 통해 자신이 가장 잘하는 것을 발굴하고 피부관리사만의 가치를 자신의 강점과 연결하여 프랑 에스테틱이라는 브랜드를 탄생시킬 수 있었다. 자신과 가장 잘 어울리는 고유의 색을 찾고 프랑 에스테틱의 대표 색상으로 정했다.

프로그램 또한 심혈을 기울였다. 제품회사에서 만들어주는 것이 아니라 고객에게 전달하고 싶은 가치에 대해 깊이 생각하고 고객을 생각하는 마음을 담아 자체 프로그램을 제작했다. 제품의 힘을 빌리는 전략보다 자신의 브랜드를 내세우는 전략을 택했다. 고객이 피부관리실에 방문했을 때 어떤 느낌을 들게 하고 싶은지, 나가는 발걸음이 어땠으면 하는지, 프랑 에스테틱이라는 브랜드를 통해 결국 자신은 고객에게 어떤 가치를 전달하고 싶은지 고민하고 또 고민했다. 그 결과 자신의 강점을 발현시켜 프랑 에스테틱만의 페르소나를 만들고 브랜딩으로 발전시키는 데 성공했다.

숨어 있는 상권을 공략하라

프랑 에스테틱 원장은 자본이 넉넉하지 않았다. 그래서 값싼 사무실로 상가 임대를 하도록 제안했다. 신도시 건물이었고 보증금 500만 원에 월세 50만 원인 아주 좋은 조건의 사무실을 발견했다. 근린생활시설이어서 피부관리실을 창업하기에도 아주 적합했다. 상가 건물주는 높은 층이기도 하고 내부 인테리어도 딱 사무실용으로 되어 있어서 낮은 월세로 상가를 내놓은 것이었다. 소자본 창업을 준비 중인 프랑 에스테틱에 딱 맞는 환경이었다. 이렇듯 잘 찾아보면 좋은 상권들이 많다. 이 또한 처음부터 스스로 한정해놓으면 좋은 상권을 찾기 어렵다. 시간을 충분히 두고 자신만의 상권 기준을 정하여 자신에게 알맞은 상가를 계약하기를 바란다.

금액이 적다고 중요한 가치를 절대 타협하지 않았다

창업에서 흔히 저지르는 실수가 있다. 돈이 한정되어 있다 보니, 창업 과정에서 자신이 중요하다고 생각하는 가치에서도 지속적으로 타협을 한다. 한 번 두 번 타협하는 순간 브랜드는 고유의 가치를 잃는다. 프랑 에스테틱을 기획하며 내가 기여한 가장 큰 역할은 원장으로 하여금 타협하지 않게 하는 것이었다. 중요하다고 느끼는 포인트를 더욱더 가치 있게 만들기 위해 힘썼다. 그 결과 7평이라는 작은 평수에 피부관리실, 상담실, 탕비실을 모두 만들 수 있었다.

피부관리실의 각 공간마다 프랑 에스테틱과 원장만의 색을 잘 녹이려고 힘썼다. 파우더룸과 피부관리를 받는 공간을 합쳤다. 공간이 협소한 관계로 모든 공간들이 대표 공간이 되어야 했고 동시에 아름다워야 했다. 고객 입장을 생각하여 공간마다 포토존을 만드는 것도 잊지 않았다. 포토존은 고객을 위한 공간이며 자연스레 SNS 홍보 효과까지 이어지는 장점이 있다.

상담실에서는 전문적인 분위기를 조성해야 했다. 그를 위해 상담실의 핵심 포인트를 프랑 에스테틱의 로고와 테이블로 정했다. 그 결과 상담실은 프랑 에스테틱이라는 브랜드 홍보와 전문성까지 모두 갖추게 되었다. 프랑 에스테틱을 방문한 고객이 포근함, 아늑함, 힐링 등을 느끼길 바라면서 조명과 소품으로 분위기를 조성했고 불필요한 것들은 아무것도 들이지 않았다. 꼭 필요하고 의미 있는 것들로 프랑의 공간을 가득 채웠다.

'프랑 에스테틱'을 내세우다

모든 비용을 절감하고 브랜딩에 힘썼다. 고객이 느꼈을 때 중요하게 보는 포인트에 초점을 맞췄다. 원장의 실력과 아무리 잘 해놓은 피부관리실도 무력하게 만드는 것이 있었다. 바로 온라인이다. 대부분의 고객은 인터넷 검색을 통해 피부관리실을 방문한다. 원장이 아무리 능력이 좋아도, 피부관리실을 잘 갖춰놓아도 온라인으로 증명하지 못하면 말 그대로 예선에서 탈락하는 상황이 된다. 고객에게 평가받을 수조차 없는 것이다.

그런 점에서 온라인 검색 최적화와 프랑 에스테틱만의 홈페이지 제작에 신경을 썼다. 온라인에서는 보이는 이미지가 전부다. 프랑 에스테틱의 가치를 잘 녹인 홈페이지와 잘 꾸며놓은 공간을 사진으로 잘 담아 고객의 시각을 자극했다.

마지막으로 굿즈를 제작했다. 프랑 에스테틱만의 프로그램 북과 명함 하나까지도 신경을 놓지 않았다. 원장의 센스가 추가되어 고

프랑 에스테틱 상담실

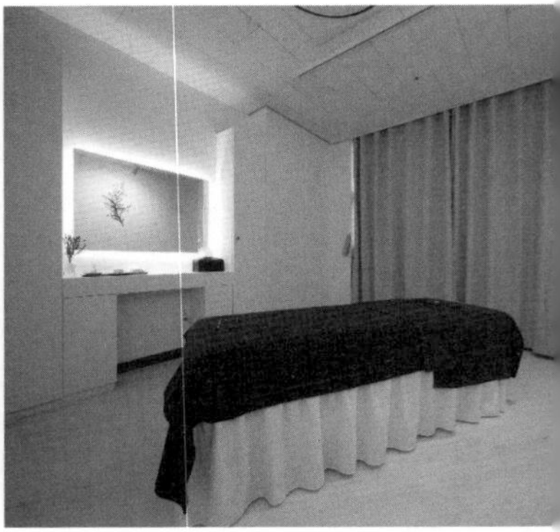

프랑 에스테틱 테라피룸

객에게 주는 작은 물 하나에도 자체 로고를 새겼다. 이런 시각적 효과로 인해 고객이 날이 갈수록 많이 유입되었고 그 결과 프랑 에스테틱에 방문하는 고객들은 원장을 보고 이런 질문을 한다. “여기 프랜차이즈인가요?”

3. 피부관리실 창업 가이드

창업을 할 때는 부담감을 줄이는 것이 중요하다. 자신의 창의성, 열정, 역량을 잘 발휘하는 것이 피부관리실의 성공을 좌우한다. 부담감은 투자한 자원에서 온다. 첫 창업에서는 투자를 최소화해야 한다. 창업을 준비하기 위해 메스떼에 방문하는 모든 교육생에게 최소한의 자본으로 창업하라고 조언한다.

비용 절감 방법

우선 많은 사람이 어려워하는 자원인 돈부터 살펴보자. 창업 비용으로 얼마를 준비했든지 결국 가지고 있는 돈은 한정적이다. 있는 돈에서 잘 써야 된다는 이야기다. 돈을 가치 있게 사용하는 것에 초점을 맞춰라.

모아둔 자본금을 모두 창업 비용으로 쓰면 안 된다. 충분한 여유자금을 빼놓아야 한다. 하지만 대부분 돈을 무리해서 더 쓰면 썼지 덜 쓰진 않는다. 창업 준비를 하다 보면 생기는 욕심이 문제다.

그 다음은 시간이다. 피부관리실을 창업하는 데 시간이 오래 걸릴 것이라고 생각한다. 평균적으로 두 달에서 세 달이 걸린다. 더 오래 걸리는 사례들도 많다. 창업 준비기간이 길면 길수록 힘이 부치고 중간에 포기하는 경우도 많다. 그러나 정확하게 기획하고 들어가면 상권 분석부터 모든 세팅까지 보통 한 달 안에 마무리된다.

한 달 만에 끝날 수 있는 창업이 왜 이렇게 오래 걸릴까? 이유가 무엇일까? 바로 피부관리실을 꾸리고자 하는 '기준'이 명확하지 않기 때문이다. 기준이 명확하지 않을수록 쓸 돈은 계속해서 불어나고, 시간도 무작정 흘러간다. 이런 상황을 예방하기 위해 피부관리실을 창업하기 전 어떤 기준들을 생각하고, 어떻게 계획을 잡아야 하는지 알아보자.

나에게 꼭 맞는 피부관리실 상권 알아보는 기준

창업을 준비하다 보면 욕심이 생긴다. 상가를 구할 때도 생각했던 월세보다 10만 원만 더 주면 외부에 있던 화장실이 아늑한 관리실 안으로 들어온다. 그럼 고민하게 된다. "화장실이 굉장히 중요한데, 외부에 있으면 관리도 안 되고…… 하는 김에 그냥 10만 원 더 쓸까?" 그렇게 다시 부동산을 돌아다니다 보면 눈에 띄는 상가들이 있다. "그래, 그냥 10만 원 더 주고 안에 있는 화장실로 가자"라고 생각이 기울 쯤에 화장실이 내부에 있는 상가에서 정말 딱 10만 원만 더 주면 되는 내 마음에 꼭 드는 상가가 나타난다. 그럼 어떻게 해야 하는 것일까? 어디서 타협을 봐야 하는 것일까?

대부분 타협점을 찾지 못한다. 이런 과정은 인테리어를 할 때도 똑같이 반복된다. 확신이 없으니 개업 날짜가 계속 연기된다. 기준이 명확하지 않다면 부동산업자들에게 계속 끌려 다닐 것이다. 모든 준비는 철저하게 스스로 세운 기준에 맞춰야 한다.

허황된 이상을 버려야 한다. 모든 게 만족스러운 상가는 월세가 정말 비싸다. 기준 없이 상가를 보러 다니면 기분만 나빠진다. "아, 지금 이 돈으로 저 상가밖에 들어가지 못한다고?" 충분한 돈을 모아 놓지 않은 자신이 미워지고 자괴감마저 든다.

| 상가 선택 기준 |

항목		이상	타협
건물 상태	평수	넓음	좁음
	신축 여부	신축임	신축 아님
	벽지, 바닥 상태	좋음	나쁨
	층고(천장 높이)	높음	낮음
	화장실	내부화장실	공용화장실
목	역세권	역세권	비역세권
	층수	1층	고층
	엘리베이터	있음	없음
	통기성	좋음	나쁨
추가 고려사항	출근 용이성	도보 가능	운전 필요
	경쟁업소 여부	주변에 없음	바로 옆에 있음
	마을 평균단가	높음	낮음
이 모든 사항을 고려했을 때 쓸 수 있는 보증금 / 월세 : ____________원			

상가를 구할 때는 스스로 기준을 명확히 하고, 현실을 받아들여야 한다. 상가의 가격을 결정하는 요소들은 정말 다양하다. 기준들을 꼼꼼히 정한 후에 자신에 맞는 현실적인 상가를 찾기를 바란다. 가령 자가용이 없다면 자택과의 접근성이 무엇보다 중요해질 것이다.

상권을 분석하고 보금자리를 정할 때, 부동산업자에게 흔들리지 않는 것이 중요하다. 스스로 기준을 잃지 않고 자신이 중요하다고 생각하는 부분은 절대 타협 없이 밀고 나가는 것을 권장한다.

타협 없이 이상에 맞춰 창업에 많은 비용을 투자하게 된다면 부담감 때문에 오히려 창업 후 자신의 역량을 잘 발휘하지 못한다. 투자한 자원이 많을수록, 특히 대출이 많으면 많을수록 고객이 걸어다니는 돈으로 보이기 시작한다. 고객이 돈으로 보인다면, 절대 성공할 수 없다는 것은 앞서 얘기했다.

인테리어 비용 1,000만 원 아끼는 방법

상권을 결정했다면 그 다음 문제는 인테리어다. 인테리어 절감 비용의 핵심은 거품을 빼는 것이다. 인테리어는 기획이 전부다. 시공 값은 비싸지 않다. 인테리어 기획 비용은 업자들마다 가격이 천차만별이지만 평균적으로 1평당 150만~200만 원을 받는다. 조그마한 피부관리실을 차리려 해도 기본적으로 1,500만 원 이상이 든다.

돈이 없으면 직접 기획하면 된다. 피부관리실을 계약했다는 전제하에, 종이에 피부관리실 도면을 그려보도록 하자. 피부관리실

공간은 크게 로비, 상담실, 테라피룸, 파우더룸, 탕비실로 나뉜다.

도면을 그렸다면, 도면을 보며 머릿속으로 고객 동선을 만들어 보자. 고객이 정문을 통해 입장을 하면 바로 로비가 나온다. 로비에서 고객을 상담실로 안내한다. 그 다음 테라피룸으로 안내한다. 피부관리가 끝나면 파우더룸으로 안내한다. 다시 상담실로 안내한다. 로비로 나와 고객을 배웅한다.

이 동선이 꼬이지 않아야 한다. 자연스러운 동선이 나올 수 있도록 준비한 도면에 출입문을 기준점으로 로비, 상담실, 테라피룸, 파우더룸, 탕비실을 나눠보자. 종이는 넉넉하니 실수해도 괜찮다. 처음에는 터무니 없는 동선이 나올 수도 있다. 조금씩 보완하면서 동선에 무리가 가지 않는 선에서 있는 공간을 잘 활용할 수 있도록 기획하라.

공간 기획이 끝났다면 시공 포인트를 찾아보자. 시공은 필요한 부분만 선택해서 시공하면 된다. 테라피룸과 파우더룸 사이에는 가벽을 세울 것인지, 파티션을 세울 것인지, 공사의 스케일은 어느 정도로 잡을 것인지 등 시공의 스케일을 먼저 생각해야 한다.

시공을 해야 할 포인트까지 모두 정했다면 도면을 가지고 인테리어 시공업체를 돌아다니며 견적을 받아보자. 견적 또한 부르는 것이 값일 것이다. 몇 군데 업체를 돌아다녀 본 후 시공업자와 잘 조율하는 것이 중요하다. 시공은 2~3일이면 마무리된다.

지금까지 한 사항들을 간단히 정리해보자.

| 인테리어 메뉴얼 5단계 |

피부관리실 도면 그리기

↓

정문을 기준으로 공간 기획하기(로비, 상담실, 테라피룸, 파우더룸, 탕비실)

↓

시공 포인트 설정

↓

시공업자 콘택트 및 조율

↓

시공 완료

시공이 완료되었다면 이제 공간 디자인에 신경 써야 한다. 인테리어에도 포인트가 있어야 한다. 각 공간마다 핵심 포인트를 명확하게 채워넣는 것이 중요하다. 상담에서도 핵심 한 가지가 좋은 결과를 만들어내듯, 인테리어에서도 조잡하게 여러 가지를 채워넣는 것보다 포인트 하나를 만드는 게 좋다.

공간별 핵심 기능에 집중하면 포인트를 정하기 수월하다. 테라피룸에서는 고객이 편히 쉴 수 있는 것을 목적으로 그에 맞는 조명을 설치하고 시각적인 소품들을 비치하는 것이 좋다. 제품 광고를 한다고 테라피룸에 제품 포스터를 더덕더덕 붙이면 시각 디자인에 악영향을 끼친다.

테라피룸에서는 보기만 해도 마음이 편안해지는 공간을 꾸리는 것이 최고의 목표이다. 상담실도 마찬가지로 고객이 상담을 받을 때 피부관리사에게 잘 몰입할 수 있는 환경을 조성해야 한다. 위와 같은 식으로 공간마다 핵심 포인트를 찾아 디자인 요소와 공간의 가치를 잘 활용하는 것이 인테리어 기획의 핵심 요소다.

이때 브랜드의 핵심을 잘 나타내는 것이 중요하다. 고객에게 브랜드를 각인시키는 것이다. 브랜드 컬러와 로고를 잘 활용하여 공간 곳곳, 고객들에게 잘 노출될 수 있게 디자인을 기획해라.

| 공간디자인 팁 |

공간의 필요성과 가치를 생각하며 디자인해야 한다.
브랜드 컬러와 로고가 공간 곳곳에 잘 녹아들어야 한다.
테라피룸에는 제품 포스터를 붙이지 않는다.
디자인은 통일감이 중요하다.
여백의 미를 살려라. 많은 물건과 가구를 비치하지 않는다.

인테리어에서 돈을 아꼈다면 브랜딩에 투자하라

고객들은 피부관리실에 갈 때 그냥 가지 않는다. 인터넷에서 검색하고 간다. 간판을 보고 들어가는 것은 이제 옛말이 되었다. SNS에 자신의 피부관리실이 얼마나 노출되는지에 따라 신규 고객의 수가 달라지고 월 매출이 달라진다.

온라인과 오프라인에서 일관성 있는 브랜드를 만들어라. 프로그램 북을 단순히 음식점 메뉴판 주듯 건넨다면 고객은 김밥천국 정도의 가치를 느낄 것이다. 어떤 방식으로 보여주느냐에 따라 고객은 프로그램의 가치를 인식하게 된다.

이렇게 하나하나 브랜딩에 힘써 나가야 한다. 작은 물품에도 신경 써야 한다. 고객이 사용할 펜까지 신경을 써라. 상담실에 전문 서적을 가져다놓아라. 고객이 원장을 전문가로 생각할 수 있도록 상담실까지 브랜딩해야 한다. 브랜딩은 인테리어 디자인과 마찬가지로 통일감이 가장 중요하다. 명함, 프로그램 북, 브랜드 채널, 홈페이지, 인테리어 모두 합이 맞아야 시너지가 발휘된다는 사실을 잊지 말자.

| 에필로그 |

자신만의 가치를 발현시켜라

작은 의문 하나가 인생을 송두리째 바꾸는 계기가 되기도 한다. 어느 날 나는 피부관리사가 고객을 대하는 상담 방법에 의문을 품었다. 기존의 추상적인 상담과 매뉴얼만 따르는 상담 방법에서 한계를 느꼈기 때문이다. 이 의문을 해결하기 위해 고객에게 존경받는 직업에 대해 분석하기 시작했고, 피부관리사의 접객 방법과 의사의 접객 방법이 비슷하다는 것을 깨달았다. 그 후 의사와 피부관리사의 공통점을 구체화하며 의사가 환자를 대하는 방법을 연구해서 피부관리실에 접목했다. 나는 이 최초의 작은 의문 하나를 해결한 것이다. 그 결과 고객은 상담하는 순간부터 피부관리를 받는 순간까지 나에게 몰입하기 시작했다. 고객이 피부관리를 받으러 올 때는 항상 양손에 무언가가 들려 있었다. 내가 세상에서 가장 믿음직스럽고 존경하는 사람이라는 칭찬까지 들을 정도였다. 내가 하는 피부관리의 가치는 높아졌고, 피부관리의 가치가 높아질수록 단가도 높아졌다.

의문점이 풀릴 때까지 집요하게 도전해보라. 생각보다 많은 부분에서 비합리적으로 일하는 경우가 많다. 의문을 가지면서도 어떻게 바꿔야 할지 몰라서 그냥 넘어가는 일도 번번이 일어난다. 그 이유는 단 하나다. 원래 그런 것이라고 생각하기 때문이다. 분명히 불편하고 합리적이지 않은 상황임에도 타성에 젖어 변화의 기회를 놓치는 모습을 자주 보면서 너무 안타까웠다.

시대가 변했다. 전 국민이 노동으로 먹고 살던 시대에는 합리적이던 기존 법칙들이 하나둘 통용되지 않게 되었다. 변화를 받아들이지 못한 낡은 시스템으로는 더 이상 소비자의 지갑을 열지 못한다. 그렇기 때문에 의문을 가져야 한다. 소비들이 원하는 가치가 바뀌었고 소비자들은 똑똑해졌다. 합리적인 시스템과 명확한 결과를 원한다. 고객의 반응이 시큰둥하다면 지금이 첫 번째 의문을 가져야 할 때다.

나만의 가치를 잃지 마라

사업의 본질은 비싸고 좋은 인테리어나 유행하는 테크닉에 있지 않다. 자신의 가치를 잃지 않고 꾸준히 발현시키는 데 있다. 이 관점을 몸소 실천한 사람들은 개개인마다 속도의 차이가 있었을 뿐 결국 모두 성공했다. 내가 스스로 교육하며 깨달은 진리이기도 하다. 그렇기에 확신할 수 있다. 나만이 가지고 있는 고유의 색을 담아내는 것이 성공의 비결이다. 자신만의 가치를 담아낸 결과, 경력 없이 자격증만 취득하고 온 한 교육생은 창업 3개월 만에 월 매출 1,000만 원을 달성했다. 피부관리실을 2년간 운영해온 원장님도 교육 3개월 만에 기존보다 6배 높은 매출액을 달성했고, 교육 후 코칭을 꾸준히 진행하여 교육 10개월 만에 120만 원에서 1,000만 원 월 매출 달성에 성공하게 되었다.

이 교육생들이 특별해서 성공한 것이 아니다. 똑같이 두렵고 불안하고 피부관리사의 길을 그만둬야 하나 고민했던 사람들이다. 다만 단 하나 다른 점이 있다면, 자신만의 가치를 잃지 않고 끝까지 도전했다는 것이다. 그렇기에 당신도 성공할 수 있다.

누군가를 바꾸는 사람이 되라

나는 변화를 즐긴다. 사람들에게 영향을 끼치는 것을 좋아하고, 사람들이 나로 인해 성장하고 변화하는 모습을 보며 희열을 느낀다. 피부관리를 막 시작했을 때 나는 내가 사람을 바꿀 수 있다는 것이 너무 즐거웠다. 여드름 때문에 대인기피증에 시달렸던 한 고객을 낫게 해서 사람들 앞에 자신감 있게 나설 수 있게 했고, 키가 155센티미터인데도 몸무게 90킬로그램에 육박했던 고객을 피부관리와 코칭을 통해 10개월 만에 40킬로그램을 감량시켰다. 그 고객은 내 덕분에 다이어트에 성공하고 자기 자신을 찾을 수 있었다면서 피부관리를 받기 전에 비해 완전히 다른 인생을 살고 있다고 감사해했다. 이런 순간들이 내 인생에서 큰 전환점이 되었다.

'아, 피부관리사도 한 사람의 인생에 큰 영향을 끼칠 수 있구나.'

피부관리라는 도구를 통해 내가 사람들의 인생에 큰 영향을 끼칠 수 있다는 것을 깨달았다. 그와 동시에 세상에 피부관리의 가치를 전하기로 마음먹었다. 그 시작은 피부관리사의 양성이었다. 피부관리사의 가치를 분명하게 알려주는 것, 고객에게 영향력 있는 피부관리사를 양성하는 것이 피부관리의 가치를 높이기 위한 나의 첫 목표였다.

교육자의 길을 걷기로 마음먹으며 세 가지 다짐을 했다.

'고객에게 영향력 있는 피부관리사를 양성하는 것'

'피부관리사도 다른 전문직과 같은 명예와 부를 누리는 것'

'피부관리라는 도구를 발전시켜 세상에 좋은 영향력을 끼치는 것'

지금 나는 교육을 하고 책을 쓰며 이 다짐들을 이뤄나가고 있다. 피부관리사도 전문직이라는 타이틀에 걸맞게 이들을 양성하는 것이 나의 꿈이자 최종 목표다. 내 노력이 보답을 받는 것인지 '대표님 덕에 제 인생이 바뀌었습니다', '세상을 바라보는 관점이 바뀌었습니다' 같은 말을 자주 듣는다. 어느 한 피부관리사가 쏘아 올린 작은 공이 지금 많은 사람들의 인생에 큰 영향을 끼치고 있다.

그런 점에서 나는 성공한 삶을 살고 있다. 사람들에게 영향력을 끼치는 것을 좋아하고, 나로 인해 성장하는 피부관리사의 모습을 매일 보고 느끼기 때문이다. 책을 쓰기로 결심한 이유도 여기에 있다. 책을 통해 사람들에게 더 많은 관심을 받고 싶고 더 많은 사람들의 인생에 영향력을 끼치길 원하기 때문이다.

이 책을 읽은 당신이 다른 사람들에게 영향력을 끼치는 것을 좋아하고 고객에게 좋은 영향력을 끼치는 사람이 되었으면 좋겠다. 누구나 나처럼 영향력 있는 사람이 될 수 있다는 것을 전하고 싶다. 나 자신이 타인의 삶에 좋은 영향력을 끼칠 수 있는 사람이라는 것을, 나로 인해 한 사람 한 사람의 인생이 바뀔 수 있다는 사실을 알리고 싶다. 언젠간 당신도 당신만의 이야기를 담은 책을 쓸 수 있기를 바란다.

북큐레이션 · 좋은 매장을 운영하고 싶은 사람들을 위한 라온북의 책

《체인저》와 함께 읽으면 좋은 책. 고객에게 사랑받는 매장을 운영하는 좋은 관리자가 될 수 있습니다.

매출 때문에 고민입니다

지현 지음 | 16,000원

**입소문 타는 매장은 그만 한 이유가 있다!
지나가는 사람도 단골로 만드는 매장 운영 노하우 공개**

매장 운영자들의 가장 큰 걱정은 뭐니 뭐니 해도 매출이다. 올라도 모자랄 판에 제자리걸음이거나 오히려 떨어진다면 그보다 속 타는 일도 없다. 18년간 프랜차이즈 헤어살롱의 관리자로서 위기에 처한 매장을 구하고, 매장 리뉴얼을 통해 성장을 이룩해온 저자는 매출이 떨어지는 경우 반드시 그 매장과 구성원에 문제가 있다고 진단하고 구성원의 혁신 능력을 끌어냈던 특별한 관리의 비밀들을 털어놓는다. 매출을 증대하기 위해서 무엇을 해야 하는지, 고객과 무엇을 소통해야 하는지, 구성원들을 성장시키기 위한 방법은 무엇인지에 대한 구체적인 방향도 제시해놓았다.

내 가게를 살리는 30분의 기적

이혁 지음 | 15,000원

**잘되는 가게와 안 되는 가게의 차이는 무엇일까?
하루 30분 투자에 승부를 걸어라!**

『내 가게를 살리는 30분의 기적』은 하루 단 30분 투자로 매출을 10배 올리는 비결, 대박 가게의 사장이 되는 노하우를 알려준다. 최신 검색어 트렌드를 이용해 전략적으로 SNS에 홍보하는 법부터 인스타그램에 사진이 올라가게 유도하는 법, SNS를 활용해 의도적인 입소문을 내는 방법까지 고루 담아 소개했다. 카카오톡 채널로 고객과 소통하는 법과 페이스북, 인스타그램 계정을 만들어 홍보하는 성공 비법도 실었다. 매일 3천만 명 이상이 스마트폰에 연결된 SNS 세상! 당신의 스마트폰 사용 시간에서 하루 30분만 떼어내 홍보 활동에 쓰자.

왜 당신만 못 파는가

김선진 지음 | 13,800원

빠듯한 예산으로 높은 광고 효과를 내고 싶을 때
고객에 집중하면 돌파구가 보인다!

불황에도 팔리는 건 팔린다. 지금 어딘가에서도 밤을 지새우며 인기 제품은 고객에게 배송되고 있다. 기능이나 품질을 내 제품과 견주어봐도 손색이 없는데 왜 고객의 선택을 받지 못할까? 저자는 제품을 너무 잘 아는 판매자가 제품에만 초점을 맞춰 마케팅을 진행하기 때문이라고 말한다. 마케팅의 시작은 고객이다. 제품을 사는 고객에 초점을 맞춰 마케팅 시스템을 재점검해야 한다. 그러면 돌파구가 보일 것이다.

사장교과서

주상용 지음 | 14,500원

사장, 배운 적 있나요?
사장이 반드시 알아야 할 기본개념 40가지

이 책에서는 기업 CEO들의 생각 친구, 경영 멘토인 저자가 기업을 성장시키는 사장들의 비밀을 알려준다. 창업 후 자신의 한계에 부딪혀 심각한 성장통을 겪고 있는 사장, 사람 관리에 실패해서 바닥을 경험하고 새로운 재도약을 준비하고 있는 사장, 위기 앞에서 이젠 정말 그만해야겠다고 포기하기 직전에 있는 사장, 어떻게든 사장을 잘 도와 회사를 성장시키려는 팀장 또는 임원, 회사의 핵심인재가 되려고 사장의 마음을 알고 싶은 예비 해결사 직원, 향후 일 잘하는 사장이 되려고 준비 중인 예비 사장들에게 큰 도움이 될 것이다.